资助项目

江苏省社科英才、社科优青计划，江苏高校哲学社会科学研究重大项目（2020SJZDA050），江苏省政府决策咨询研究重点课题（JSZY202112），江苏省社科基金重点项目（21JZA009），江苏省政策引导类计划（软科学研究）资助项目（BR2020045），南京市软科学（201901002），中央高校基本科研业务费专项资金，南京理工大学自主科研资助（30920010020）。江苏服务型政府建设决策咨询研究基地、江苏产业集群决策咨询基地。

资源环境税费改革问题研究

Research on the Reform of Resources and Environment Tax and Fee

徐晓亮　许学芬◎著

经济管理出版社
ECONOMY & MANAGEMENT PUBLISHING HOUSE

图书在版编目（CIP）数据

资源环境税费改革问题研究/徐晓亮，许学芬著．—北京：经济管理出版社，2020.5
ISBN 978－7－5096－7084－2

Ⅰ.①资… Ⅱ.①徐… ②许… Ⅲ.①环境税—税收改革—研究—中国 Ⅳ.①F812.422

中国版本图书馆 CIP 数据核字(2020)第 069032 号

组稿编辑：魏晨红
责任编辑：魏晨红
责任印制：黄章平
责任校对：王淑卿

出版发行：经济管理出版社
（北京市海淀区北蜂窝 8 号中雅大厦 A 座 11 层 100038）
网　　址：www. E－mp. com. cn
电　　话：（010）51915602
印　　刷：唐山玺诚印务有限公司
经　　销：新华书店
开　　本：720mm×1000mm/16
印　　张：13
字　　数：184 千字
版　　次：2021 年 3 月第 1 版　　2021 年 3 月第 1 次印刷
书　　号：ISBN 978－7－5096－7084－2
定　　价：68.00 元

前 言

资源是人类社会赖以生存的物质基础，也是社会经济发展的重要保障。随着我国经济的快速发展，资源供需之间的矛盾日益突出，资源短缺现象严重影响着我国社会经济的发展。在社会经济发展过程中，经济增长过度依赖资源的大量投入，资源消费结构不合理以及资源利用程度低等不但浪费了大量资源，而且也造成了严重的环境污染问题，资源短缺和生态环境恶化已成为制约我国经济发展的瓶颈。加强对资源配置的科学管理，提高资源利用效率，有利于解决我国经济发展中的资源制约问题，也有利于加速我国经济结构转型，协调社会、经济、资源和环境之间的关系，促进社会经济的可持续发展。

资源税是政府配置重要自然资源的有效手段，也是影响自然资源生产、使用和消费的重要因素。目前，我国资源税总体税负水平较低，且征税范围较窄，仅包括矿产品和盐，难以反映资源稀缺性和弥补开采以及使用过程中产生的负外部性。由于我国资源税对资源消费结构的调节功能弱，现行的资源税政策难以实现设立的初衷，随着社会经济的快速增长，对资源税政策调整已迫在眉睫。资源税涉及范围广泛，受影响的相关利益群体众多，如何评价资源税政策调整对社会经济、资源和环境等的影响，确保资源税政策的合理性和有效性，并通过资源税调整促进社会经济与资源环境之间协同、有序发展是资源税政策调整的重点和难点。本书首先分析了我国资源税调整历程和目前存在的不足，在文献研究和相关理论研究的基础上，从效率性和公平性两方面设计资源税政策调整方案；其次为有效分析当前我国资源税政策调整的影响，提出“因素分析—模型构建—模拟分析和评价”的框架；再次分析资源税政策调整中的各主体行为和相关因素；最后基于可计算一般均衡理论构建资源税政策模拟分析模型，并模拟分析资源税政策调整的影响，提出相关政策建议，为决策提供参考。

本书的主要创新点可以归纳为以下几点：

（1）设计资源税政策调整方案，并提出资源税政策分析的框架。

在相关研究的基础上，本书分析了资源税政策发展历程和目前存在的不足，从资源税税负和资源补偿两个方面设计资源税政策调整方案；为有效分析资源税政策调整的影响，本书提出“因素分析—模型构建—模拟分析和评价”的资源税政策分析基本框架。

（2）构建资源配置世代交叠模型，分析资源税政策调整中主体行为和因素。

基于跨期均衡思想，本书构建资源配置两期世代交叠模型，分析资源税政策调整过程中生产者、消费者和政府的跨期均衡行为，并重点分析资源税调整中各主体行为的跨期均衡以及均衡中的相关因素。

（3）构建资源税政策调整模拟分析模型，并模拟分析资源税政策调整影响。

基于可计算一般均衡理论，本书将资源税政策调整的相关因素纳入一般均衡分析框架中，构建资源税政策模拟分析模型，并编制扩展的社会核算矩阵作为模型分析的基础数据，在此基础上，对资源税调整方案中的资源税税率调整和资源补偿进行模拟分析，并提出相关政策建议。

本书研究资源税政策调整的相关问题，丰富了我国资源配置和优化理论，也为当前我国资源税政策调整提供决策参考。本书的研究成果一方面有利于促进自然资源有效配置和可持续利用，提高自然资源的使用效率，减少重要自然资源对社会经济发展的制约；另一方面对保护我国资源和生态环境，协调社会经济、资源和环境的关系，促进我国经济结构转型和社会经济可持续发展具有积极意义。

目 录

第 1 章

绪　论

1.1 研究背景和研究意义

1.1.1 研究背景

自然资源是社会经济发展的基础，资源储备和资源结构直接影响着社会经济发展水平。长期以来，我国一直被认为是资源大国，资源品种多、总量大，自然资源禀赋优越。就总量而言，我国自然资源总量排世界第7位，已探明的矿产资源总量居世界前列，是世界上几个资源大国之一，但从人均资源占用量来看，仅为世界人均资源拥有量的58%，不到美国的1/10。随着社会经济的快速发展，我国资源、环境与经济发展之间的矛盾逐步显现，资源短缺已经成为制约经济发展的重要因素。

1.1.1.1 资源供需形势日益严峻

自然资源作为社会经济发展的推动力，不仅是基础性生产要素，同样也是关系国计民生的重要物质，其重要作用不言而喻。虽然我国的资源总量较大，但人均资源占用量远低于世界平均人均水平，45种主要矿产资源中能满足社会经济需求的只有21种，预计到2020年仅为6种左右。煤炭、石油、天然气等战略资源的人均剩余储量远低于世界平均水平，我国探明的煤炭可采储量为1145万亿吨，保有储量为10063万亿吨，占世界经济可采储量的11.1%，但人均储量仅为世界平均水平的79%；我国探明的石油可采储量约为33亿吨，占世界可采储量的2.4%，人均采储量仅为世界平均水平的11%，采储平均值为20~30年，不到世界平均值的1/10；我国已探明天然气可采储量约为1.4亿立方米，仅占世界天然气可采储量的1.2%，且主要集中在西部地区。水资源总量约为28000亿立方米，为世界第六位，但人均水资源拥有量仅为2220

立方米，不到世界平均水平的1/4，资源形势不容乐观。

我国资源供需矛盾日益凸显，资源供给将面临长期压力。目前我国存在着严重资源消费结构矛盾，对重要自然资源需求越来越大，缺口也日益加大：我国社会经济正处于重化工业时期，对资源需求和消费较大。以煤炭、石油为代表的战略资源为例，2018 年煤炭、石油资源消费分别占全球资源消费总量的 66.1%和 20.5%，预计到 2020 年，我国资源消费为 28 亿～38 亿吨标准煤，届时原煤缺口为 3.21 亿～11.74 亿吨，原油对外依存度将达 60%，缺口高达 2.7 亿吨。随着我国工业化进程的加快，产业经济规模将进一步扩张，对资源的需求在很长一段时间内将保持持续增长，使资源供给面临持续的巨大压力。“十三五”期间，我国资源约束事件明显增多，资源供需矛盾日益突出。

我国的资源形势不容乐观，保障资源安全，使资源供给更好地服务社会经济发展，成为资源、环境和经济和谐发展的必然要求。

1.1.1.2 *资源、环境与经济发展的矛盾凸显*

消费结构不合理，资源供给不足。目前，我国整体工业对煤炭和石油等资源依赖较高，而资源价格的长期偏低形成对高耗能行业的巨额投资，如对经济增长的贡献率约为 37%，而外贸加工业一直是低附加值、高耗能的行业发展模式。我国资源消费速度一直高于 GDP 的发展速度，资源危机在局部地区较为明显，如在南方地区出现的“电荒”“油荒”等资源供给不足的情况。对高耗能行业的偏好使资源消费结构畸形，随着社会经济的快速增长，对煤、电、油等重要资源需求量将进一步加大，使国家资源对外依存度大幅度上升，资源供给不足对经济的制约进一步加剧。

资源利用率低，传统经济增长方式难以为继。传统的经济增长方式主要通过资源的高投入、高消费推动经济增长，属于消耗型经济增长。我国传统的经济增长既不利于资源利用，也不利于环境保护。目前我国资源效率比为 33%，能耗强度远高于发达国家及世界平均水平，约为美国的 3 倍，日本的 7.2 倍，我国当前资源消费结构和方式造成的环境污染形成的经济损失已达到 GDP 的

10%左右。我国资源、经济和环境之间的矛盾迫切要求经济增长方式的转变。科学发展观要求大力促进经济增长方式转型，实现由经济粗放型向集约型转变，由高碳经济型向低碳经济型转变，由忽略环境型向环境友好型转变。新经济增长方式要求大力实行节能减排，经济增长方式转型既是资源节约与环境保护的客观要求，又是提高经济发展质量，促进社会经济可持续发展的必然结果。

资源过度消费，形成巨大环境保护压力。随着我国经济快速发展，发达国家上百年工业化过程中分阶段出现的环境问题在我国集中出现，环境与社会经济发展的矛盾日益突出，国家和社会不得不正视经济发展所带来的一系列环境问题。在这种背景下，中央提出“十一五”期间单位GDP能耗降低20%，主要污染物排放总量减少10%，节能2000多万吨标准煤。2009年国务院常务会议提出：“到2020年中国单位国内生产总值二氧化碳排放比2005年下降40%～45%，到2020年非化石资源消费比重提高到15%。”“十二五”规划将碳排放纳入社会发展约束性指标，要求2015年单位GDP碳排放下降17%左右，同时承诺到2020年单位GDP碳排放减少40%～45%①。同时，我国着力发展低碳经济，要求全社会在各方面实行节能减排，尤其是在资源消耗和利用方面大力提倡节能减排，加大对环境的保护，促进资源、环境和经济的和谐发展。

1.1.1.3 对资源税政策调整已十分迫切

资源税是政府调控资源开采、使用和消费的有效管理方式。政府通过资源税政策依法解决资源供给，合理调整资源消费结构，提高资源使用效率，协调资源、环境和经济系统的关系，从而促进生态环境保护，保障社会经济的可持续发展。与其他税种相比，资源税政策调整有着更加积极的意义，一方面可以增加资源开采和利用的成本，使资源使用者承担相应的资源补偿恢复和环境污

① 《“十二五”控制温室气体排放工作方案》和国务院常务会议（2009）等资料。

染成本，缓解因资源价格偏低而导致的资源低价开采、过度浪费等一系列问题；另一方面也使资源使用者注重资源节约，提高资源开采和利用效率，推动经济发展方式转变，逐步实现节能减排，促进社会的可持续发展。

目前，我国资源税征税范围仅包括矿产品和盐两大类，征税范围过于狭窄，急需加以保护的土地、水、树林、草场等自然资源至今仍未纳入资源税的征收范围，这也导致国家对资源的保护力度不足；同时资源税计税方式不合理，目前我国资源税计税采用从量计税，难以有效调控资源合理配置，随着资源市场价值的快速上涨，导致资源税负过低，难以有效体现资源市场价值，加之对资源补偿的缺失严重影响了资源的可持续利用，这些导致了资源赤字急剧上升和生态环境恶化等一系列问题，使资源税政策调整日益迫切。

随着我国财税管理体制改革的逐步深入，如何正确处理费税关系成为理顺我国财政管理体制和规范政府行为的重要议题。资源税政策调整作为我国税费改革的重要组成部分，成为我国理顺税费关系的突破口，其改革进程和发展有着深刻而复杂的历史背景。2009 年，我国税收收入总额近 6 万亿元，而资源税税收收入仅为338 亿元，所占比例为0. 57%。近年来，资源税改革一直是我国税制改革的重点和社会关注的焦点，温家宝总理在 2010 年《政府工作报告》中也将资源价格改革作为政府工作的重点之一，2010 年 6 月 1 日，资源税改革在新疆率先试点，并取得阶段性成果。2016 年 5 月 10 日，财政部、国字税务总局发布《关于全面推进资源税改革的通知》，决定自 7 月 1 日起，全面推进资源税改革，全面推开从价计征方式。2018 年 12 月，资源税法提请十三届全国人大审议，资源税条例上升为法律层面。2019 年 8 月 26 日，尽管社会对资源税政策调整的呼声日益加剧，但不可忽视的是，目前我国资源税政策调整还处于探索发展阶段，缺乏成熟的方案和技术方法，同时资源种类繁多且重要程度不同，不同地区的资源禀赋差异较大，资源税方案涉及利益群体众多，影响到社会经济方方面面，这些因素都增加了资源税政策调整复杂性和艰巨性。

我国资源形势日益严峻，环境保护压力不断加大，资源、经济和环境之间的矛盾日益突出，资源与环境的问题已制约我国经济发展，如何实现资源、经济和环境的协调发展，成为社会经济可持续发展的关键问题。

1.1.2 研究意义

本书分析了影响资源税政策调整的相关因素，在此基础上构建资源税政策调整模拟分析模型，并编制社会核算矩阵作为模型基础数据，通过模拟分析和评价资源税政策调整的影响，弥补了当前我国对资源税问题研究中定量分析的不足，丰富了资源税政策的相关理论。

在相关理论分析的基础上，本书设计资源税政策调整方案，并通过模拟模型分析资源税政策调整方案，研究资源税税率调整和资源补偿的影响；在此基础上，本书提出合理选择资源税税率以及构建资源补偿机制等政策建议，为决策提供参考依据，对促进我国社会经济、资源和环境协调可持续发展具有一定的实用价值和现实意义。

1.2 文献综述

1.2.1 资源的相关概念

1.2.1.1 资源的概念

马克思在《资本论》中将资源定义为：“劳动和土地，是财富两个原始的形成要素。”恩格斯将资源定义为：“劳动和自然界在一起才是一切财富的源泉，自然界为劳动提供材料，劳动把材料转变为财富。”他们将资源定义为一种客观存在，同时也将人的因素纳入资源范畴。在经济学中我们将“资源”

定义为“生产过程中所使用的投入”，从而反映出“资源”的经济学内涵，即资源是生产要素的本质。资源性产品是人类社会赖以存在的物质基础，也是社会经济发展的前提和必要条件。资源性产品主要包括水、能源、矿产、土地等，其中能源包括电、石油、天然气、煤炭等产品，本书研究的资源特指自然资源。

1.2.1.2 资源属性的研究

学者们对资源价值属性的认识存在多种不同观点。例如，在价值基础认识上，存在着哲学价值说（罗丽艳，2003）和经济价值说；在价值构成上，存在资源价值等于其“商品价值”与“服务价值”之和的两分法（王庆礼等，2001），资源价值等于“存在价值”“经济价值”与“环境价值”之和的三分法（何承耕，2001）。综合以上学者观点，本书认为，根据价值理论，资源应既具有经济资源属性，又具有社会资源属性，即资源具有双重属性。资源的经济属性对应于资源的经济系统，反映了资源的经济特征和作用，体现出资源对经济系统的重要支撑；而资源的社会属性则对应于生态资源和环境系统，反映了资源的社会特征和功能，协调代际内和代际间的资源分配，体现出经济、资源和环境协调发展以及代际公平的理念，更反映了可持续发展的基本要义。

1.2.1.3 资源补偿的研究

资源补偿是生态补偿理论在资源使用和保护中的具体应用，生态补偿具有双重含义，即自然意义上的生态补偿和制度意义上的生态补偿。根据《环境科学大辞典》的定义，自然意义上的生态补偿为“生物有机体、种群、群落或生态系统受到干扰时，所表现出的缓和干扰，调节自身状态使生存得以维持的能力，或者可以看作生态负荷的还原能力”，自然意义上的生态补偿可以看成生态系统的自身恢复能力。制度意义上的生态补偿包括狭义和广义两种，狭义是指由于人类对资源的使用和消耗给资源、生态环境造成污染后所进行的补偿、治理和恢复等一系列活动的总称；广义是指在以上补偿基础上，还应对因生态保护而使相关区域居民丧失发展机会的补偿，以及为提高保护意识和管理水平而进行的科研投入和教育支出。我国资源补偿及生态投资的制度还很不完善，应尽快建立起符合我国国情的生态投资与生态资源补偿机制；生态补偿的最低标准是资源用于经济活动产生的边际收益，要充分考虑资源地区的合理诉求，加快推进资源补偿制度的建立和完善。

1.2.2 资源税概念的界定

根据全国科学技术名词审定委员会的定义，资源税是以煤炭、石油等各种重要应税资源性产品为课税对象、以开发利用国有资源的单位和个人为纳税人，为了调节资源级差收入并体现国有资源有偿使用而征收，旨在消除资源禀赋对纳税人经营所得利益影响的税种。本书对资源税的研究正是基于这一定义，以重要应税自然资源为研究对象进行进一步分析。

2004年，刘剑文对这一概念进行了详细的解释，他认为资源税是国家凭借政治权力对资源性产品开采者征收的一种税收。在不同国家，资源税征收的目的、对象的范围、征收标准有很大的差异。在我国，资源税征收对象为在我国境内开采矿产品和生产盐的单位和个人，他将资源税性质定义为因调节资源性产品的开采条件差异而形成的级差收入差别而征的税收。

2009年，马衍伟从物权法角度对资源税概念和性质进行分析，他认为资源税应是企业为消费社会公共产品或公共服务而支付的“税收价格”，是承担的法定社会责任之一，也是政府矫正资源负外部性的政策工具；同时资源税也是保障国家资源安全的重要手段，体现了资源稀缺租金和资源价值。

根据资源禀赋的差异和对社会经济影响程度的不同，王广成将资源税征收方式分为三种，分别为：第一，对资源不进行特殊课税，将资源开发和消费视为一般经营行为，实行同等条件课税；第二，对资源不进行单独课税，而将资源课税归并到普通税的特殊规定中；第三，对资源征收特别税，将资源看作一种特殊商品，对资源开发、使用和消费实行特殊的征税。根据王广成的划分标准，可以看到，目前我国资源税为资源特别税，即将资源看作特殊产品单独课税。

2006 年，屈平从资源税的特点入手，分析资源税改革的合理性，并描述了我国资源税改革的现状和发展趋势。借鉴屈平对资源税特点的研究，目前我国资源税有以下几个主要特征：

第一，征收范围具有特定性。资源税的课税对象为具有商品属性的国有自然资源，在我国现行资源税征收范围包括矿产品和盐两大类，这些资源级差收入差异较大，且易于征收管理，因此作为资源税的开征对象。

第二，征收标准较低。目前我国资源税实行按计量单位确定应税资源品的税额，由于开采应税资源品的自然条件和资源状况存在差异，单位税额也呈现出不同的差别，尽管进行了从价计税的改革，但总体而言，税负标准较低。

第三，实行源泉征收，具有明显的受益税特征。资源税是政府凭借其政治权力和对国有自然资源所有权对资源开采者和使用者征收的税种，体现了政府采用税收手段收取的自然资源所有权经济报酬，具有明显的资源收益特征；同时政府从税源征收资源税也体现了国家对国有自然资源的政治权力。

资源税是资源外部成本内部化的手段之一，2014 年实施煤炭资源税费改革，对煤炭税费进行结构性调整，提高资源税地位（程宏伟，2016）。资源税作为政府调节和补偿的重要手段，可以有效调节资源大省财政收入、完善资源补偿机制，从而更好地保护环境系统（赵瑾璐，2014）。税种功能定位对新一轮资源税制改革，可采取扩大征收范围、提高税率、调整收入归属和建立补偿基金等推进资源税改革（卢真，2016）。将自然生态空间扩展到资源税改革的新内容，扩大征收范围和覆盖相关环节，提高整体税率，形成从使用到排放的资源税管理体系，实现对生态空间的保护（熊振兴，2017）。因此，将税负转移到自然资源的使用和污染的排放已成为自然资源环境税改革的基本思路（李虹，2017）。

1.2.3 资源税与经济环境和减排的关系研究

资源、税收和经济发展关系十分紧密，学者们很早就注意到三者之间的关系，最早关于资源和环境等税收研究起源于英国，福利经济学家庇古（Pigou）在20世纪30年代提出，“政府可以利用宏观税收政策调节资源使用和环境污染行为”，即“庇古税”。庇古主张通过根据污染所造成的危害程度对污染排放者征税，用资源或环境税收来平衡资源生产和消费过程中的私人成本和社会成本之间的差距，从而实现市场的自发均衡。霍特林（Hotelling）在1931年提出“时间倾斜”（Time - tilting）的概念，他认为可以通过税收改变资源在时间上的分布，控制资源的开采和使用。Villamor Gamponia总结石油利润税和销售税的变化，提出可以通过资源税政策影响人们对未来税收的预期，达到控制资源开采速度的目的；他认为资源税对增加社会福利最为有效，而税收效率取决于资源的基期价格。Margaret E. Slade认为，税率变化率和市场利率决定了资源的开发速度，当资源税税率的变化率大于市场利率时，会加快资源的开发速度，相反则会减缓资源的开发速度。

长期以来，资源税与经济发展的关系一直都是国内学术界关注的热点，也是社会公众关注的焦点问题之一。随着我国资源税调整的呼声越来越强烈，国内学术界对资源税调整和社会经济发展关系的研究也逐步深入，并形成了一系列的研究成果。

资源和经济的关系极为复杂，有学者认为经济增长更多地依赖于资源和资本以及人力资源转移机制效应的发挥程度。如徐康宁等（2016）以我国省际面板数据为样本，对“资源的诅咒”假说进行验证。他们发现这一假说在我国内陆地区层面同样成立，省份丰富的自然资源并没有加速经济发展，反而制约了其经济增长，通过资本投入的转移机制制约了经济增长，丰富的资源以及对资源的依赖并未能转化为经济优势，同时劳动投入转移机制也存在类似的效应。张春林将资源税率与区域经济发展联系起来，他分析现行资源税体系的不足，借鉴美国、加拿大等国的规定，通过资源价值评价法进行分析，提出扩大征税范围、提高资源税税率、调整资源税计税方式、适当扩大地方政府的税收权限等政策建议。

同时，部分学者从可持续发展角度研究资源与经济的关系。2006 年，钱勇结合我国资源型城市的发展特点，定义了资源型城市发展目标，并从资源开发补偿和资源租金两方面分析资源收入构成及要素间分配对资源型城市可持续发展的影响，他的研究体现了资源、税收和可持续发展的内在关联和影响关系。2007 年，于立等提出资源性贫富差距问题，通过说明中国目前资源性贫富差距的基本格局，并分析了其特点、成因以及资源性贫富差距的形成规律及其与社会稳定的关系。同时提出改革资源税，并提高资源税费的征收比例。2008 年，王云从资源禀赋与经济发展之间的悖论出发，分析了“中心—外围”理论、贸易条件恶化论、荷兰病以及“资源诅咒”论等相关理论，提出了调整和优化产业结构，发展新兴产业；培育经济增长新动力；提高资源使用效率，建立有效透明的监督机制；以及建立完善资源开发管理制度等政策建议。

从以上研究成果可以看出，资源税与经济增长以及环境保护的关系十分密切，政府可以通过资源税政策调节资源消费，调整经济结构，促进经济增长和保护生态环境，资源税不仅是我国税制体系中的重要方面，也是经济发展的重要动力，对促进社会经济可持续发展具有十分显著的作用。

在能源资源短缺和污染问题日益突出的情况下，过低税率难以真实反映资源成本和污染费用，因此，改革煤炭资源税对减排具有积极作用，但在改革中出现煤炭价格不易确定、洗选煤折算率数据不准确等新问题（武辉和于洁，2017）。2017 年煤炭价格大幅波动，煤炭资源税由从量计征到从价计征的改革成效和问题基本显现，税制改革应当兼顾环境恢复治理、促进企业转型发展和公平竞争（彭月兰，2018），对提高矿产资源利用效率、进一步推进生态文明建设具有重要意义（张炳雷和刘嘉琳，2017）。

在减排方面，Ang 较早提出减排是能源消费结构比重问题，因此学界多从资源结构和资源替代等方面着手研究，如 Ayalon Ofira 等（2014）和 Yanxia Zhang 等（2014）。Muhammad Shahbaz 等研究非洲国家能源消费强度对 CO_2 减排作用，认为在 2050 年可实现减排 80%；Giovanni Bella 等分析 OECD 国家能源消费、GDP和碳排放的关系，提出三者在较长时间内存在相关性；Kawase等提出要实现60%～80%的减排目标，能源强度改进速度和CO_2强度减少速度必须比历史变化速度快2～3倍；Zhou等研究CO_2减排绩效变化因素，研究发现1997～2004年CO_2减排绩效整体改进了24%，其中技术进步是主要推动因素；Adnan Kasman采用1992～2010年数据研究欧盟新成员国和加拿大经济增长和减排的关系，验证环境库兹涅茨曲线的存在性。

在我国减排形势和对策研究上，作为一个高能耗国家，必须从战略角度出发，找到减排和环境污染的本源，而不应仅关注如煤炭利用等技术问题，忽视“体制”层面掣肘，因此从税收制度出发更具有价值。如魏巍贤（2009）提出征收化石能源资源税是减排的有效途径，但会对宏观经济造成负面影响，必须进行补贴；鉴于单纯依靠资源环境税减排会给经济带来负面影响，可采取对污染物征税的方法（何建武等，2009）；由于减排影响因素包括减排能力和环境政策（许士春等，2012），采用碳交易与碳税的复合资源政策可实现减排目标（石敏俊等，2013），因此，从协同角度出发制定合理而有效的资源政策更加有利于提高我国减排潜力（张国兴等，2014）。

由于我国经济增长更多地依赖于基础资源、资本以及人力资源转移机制效应的发挥程度（徐康宁等，2006；邵帅等，2013）；鉴于市场经济在纠正资源消费外部性的乏力，资源环境税赋予了资源主体更多的灵活性和选择性，从而有效降低边际减排成本，促进我国低碳转型（陈诗一，2011）；因此，应采用“市场＋政府”相结合的资源价格制定机制（伍世安，2011）。但由于特殊国情，出现政府以扭曲税收来增长财政收入的现象（Bovenberg等，1996），因此许士春（2010）等将资源和环境污染纳入内生经济增长模型，采用最优控制方法研究经济最优增长路径，解析影响发展的关键因素；但资源环境政策设立的生态和经济收益“倍加红利”目标实现情况，仍难以准确估量。

1.2.4 资源补偿的相关文献研究

20世纪80年代，张诚谦首先提出了生态资源价值补偿的概念，即“从利用资源所得到的经济收益中提取一部分资金并以物质或能量的方式归还生态系统，以维持生态系统的物质、能量在输入、输出时的动态平衡”。这一定义明确阐述了生态资源价值补偿和资源收入的关系。

对资源的保护和破坏行为应纳入生态补偿中，学者们主张采用激励性的经济行为作为生态资源补偿的重要手段（毛显强，2002）。同时可以采用经济的手段激励人们对生态系统服务功能进行维护和保育，解决由于市场机制失灵造成的生态效益的外部性并保持社会发展的公平性，实现保护生态与提升环境效益的目标（李文华，2006）。李文华的定义通过生态资源价值补偿机制将资源环境和社会经济系统紧密地联系在一起。资源价值补偿应建立在资源价值完全实现和资源收益合理分配的基础上，他认为资源价格改革是实行资源价值的前提，而资源价值的完全实现又是资源价值补偿的必要条件，各种补偿体现的是资源价值补偿机制的充分条件（路卓铭，2007）。生态补偿价值应围绕补偿对象、补偿标准、补偿资金、补偿方式以及效果评价方面，进行深入研究，构建科学的补偿机制的价值评估体系（张思雪，2015）。

为促进煤炭等矿产行业可持续发展，可以适当提高矿业权使用费的征收标准，从而进一步完善和提高稀缺矿产资源税额等（郭晓丽，2013）。矿产资源补偿是生态补偿理论在矿产资源中的具体应用，由资源税、排污费等构成，但存在指导理念滞后、税费界限模糊、税费分配不合理、监管体制偏软等问题，影响环境恢复与治理，因此应强化生态补偿理念的指导作用、设立生态损失费、建立税费返还机制（朱燕等，2016）。综观国内研究成果，资源补偿方式先后形成了基于市场机制的科斯型生态补偿和基于政府干预的庇古型生态补偿两种范式（王彬彬，2015）。

目前生态补偿出现市场与管制深度融合，采用“市场工具”“分类融合”“市场增进”等方式，从而降低交易成本。自 20 世纪 80 年代以来，我国生态“补偿单一政府主导”模式，出现了治理绩效和生态创新效率边际递减等严重弊端。因此，大多数学者从经济学角度出发，通过经济手段来实现构建资源补偿机制，同时将资源和环境的破坏行为也纳入资源补偿体现中，不足之处在于研究对象的范围过窄，研究角度单一。为此，资源税改革需要把环境税制纳入框架中，实现资源补偿的制度设计，建立规范合理的资源税分享机制（刘明慧，2015），从而进一步抑制矿产资源开发对生态环境的破坏，促进矿区生态环境的恢复、治理，为我国矿产资源税改革提供理论基础（张贞，2013）。

由于我国区域自然资源禀赋和社会经济差异性较大，“粗放式”矿产资源开发模式导致的矿区生态破坏和环境污染问题日益严重，而且在矿区环境治理和保护过程中，存在着生态效益与经济效益分配不公的现象（朱九龙，2016），尤其在边远地区或者民族地区，缺乏深入分析（范明明，2017），应围绕“谁来补、补给谁、补多少、如何补、如何管”等核心内容进行地区间横向生态补偿制度设计（国家发展改革委国土开发与地区经济研究所课题组，2015），依据不同区域的经济发展和环境污染现状，使用环境税、资源税等政策工具组合（乔永璞，2018）。

党的十九大报告提出，“像对待生命一样对待生态环境”，明确“生态文明建设功在当代、利在千秋”，把“建立市场化、多元化生态补偿机制”作为生态文明建设的重大举措，揭示生态补偿多元化机制建设的必然性、面临的困境，探索走出困境的现实路径，对于为人民“提供更多优质生态产品以满足人民日益增长的优美生态环境需要”“形成节约资源和保护环境的空间格局”有着十分重要的价值。在十九大精神指导下，进一步进行资源补偿改革和研究对推进矿产资源税改革具有重要理论价值和现实意义。

1.2.5 我国资源税政策调整的研究

资源税调整是资源税的再设计和构想，也是资源税改革的具体方式和内容的总称。在资源税改革方案上，学者们存在许多分歧，大致可以分为三类观点，即取消资源税、将资源税与矿产资源补偿费合并和对资源税进行全面改革。总体而言，大多数学者主张对资源税进行全面调整，并完善资源使用和维护体系。

1.2.5.1 取消资源税

部分学者从税收理论和税收主客体出发，认为资源税不具备合理的法律基础，在税收理论上难以成立和解释。

早在20世纪90年代就有学者主张取消资源税。1998年，鲍荣华、杨虎林认为，我国矿产资源税违背了设立初衷，难以有效调节矿山资源级差收益，且我国矿产资源税与其他矿业税收重复内容较多，建议取消征收资源税或者建议资源税零税率征收。1999年，关凤峻、苏迅认为，资源税缺乏理论依据，根据资源税目的，资源税具有调节税性质，应对资源所有者征收，而不要对使用者征收，但我国自然资源是国有的，政府以管理者身份向所有者身份的国家开征资源税，由于资源税级差收益在所有者手中，使得资源税没有现实意义。2000年，袁怀雨、李克庆认为资源税存在“名不正”，矿产资源补偿费存在“实不符”的现象，其原因在于理论上对矿产资源税费的性质认识不清，他们主张应取消资源税和矿产资源补偿费，同时对矿产资源开征权利金。

也有学者从财政权利和政治权力角度分析资源税费废存问题。2000年，张文驹从财产权利的角度出发，提出国家在参与社会产品分配时，应首先尊重财产权利，其次才是政治权力，作为所有者，国家应首先使用财产权利，强化国家资源财产权利，而不应使用政治权力，他主张取消资源税，同时新增矿产权增值税，体现国家对资源的财产权利。

张文驹的观点得到了一些学者的认同，2005年，刘劲松提出了类似的看法，他认为征收矿产资源税理论依据存在问题。我国的矿产资源属于国家所有，矿产资源的政治权利和所有权就属于政府所有，政府凭借政治权利向自身征收资源税，逻辑关系上难以成立，应该取消资源税。

同时有学者提出资源税是耗竭资源补偿的基础，不能作为征税的依据，应在明确产权的情况下，通过市场机制体现资源的所有权。如2006年，流程提出被消耗的矿产资源价值只能作为矿产资源补偿费的计征依据，不能成为征税对象，而现行的资源税制度实际上占据了矿产补偿费制度的扩展空间。2007年，张举钢等认为矿产资源税并没有达到开征目的，也没有体现出国家的所有者权益。他们建议取消资源税，同时明晰产权实现矿产资源的有偿使用，维护和体现矿产资源的国家所有权。

学者们关于取消资源税的理由主要是基于资源税征收的理论基础不足，即我国政府既是资源的所有者又是资源税的征收者，这形成了一个逻辑悖论，但同时也应看到我国资源税的性质不仅包括资源调节税，还包含环境税和生态税。从这种意义上来说，开征资源税不仅是可行的，也是必要的。

1.2.5.2 将资源税与矿产资源补偿费合并，从而形成新的资源税

目前，我国在征收资源税的同时，也在征收矿产资源补偿费，形成税费并存的局面。针对这一情况，一些学者从税费改革的角度出发，主张将资源税和矿产资源补偿费合并形成新的资源税，主要的研究成果体现在王广成、龚辉文、肖兴志、李晶和侯晓靖等的研究上。王广成认为，资源税费并存是经济体制改革的产物，完善资源税费制度对经济体制改革的积极影响。资源补偿费是对资源开发后的部分超额收益的征收，而资源税是对资源级差收益的征收，二者都是资源价值的实现形式，应将二者合一，以资源税形式征税。龚辉文提出了类似的观点，他认为应将矿产资源补偿费合并到资源税中一并征收，并适当提高和调整资源税单位税额，统一由税务机关征收；同时逐步扩大资源税征收范围。肖兴志、李晶认为目前我国资源税费体系存在着税费关系不协调、资源税体系不规范等一系列问题，导致政府财政职能发挥不足、税收调节广度和深度不够；同时他们主张将矿产资源补偿费、城市水资源费并入资源税，完善资源税收体系。侯晓靖从资源节约性经济的视角出发，认为我国目前的资源税没有达到最初资源税开征的目的，存在很多不足，如资源税的计税依据、计征方法不合理，税率过低等，导致了资源的严重浪费和供需失衡。因此，他建议将资源税和矿产资源补偿费合并，扩大资源税的征收范围，采用从价征收的方法征收资源税。

由于资源税和资源补偿费都属于资源税费体系的重要组成部分，是税制体制改革的产物，因此学者们主张将资源税费统一到资源税中，通过资源税来实现资源调控和资源补偿的功能，避免重复收费现象，减少税收成本。

1.2.5.3　在原有税费并存的基础上进行资源税改革

除取消资源税和将资源税与矿产资源补偿费合并外，关于资源税改革方案还存在第三种观点，即在原有税费并存的基础上重新设计资源税。关于资源税方案设计，学者们从计税方式、税率设置以及如何完善资源税方面进行了研究。

在资源税计税方式和税率设置方面，学者们进行了大量深入的研究，1997年，赵岚分析了资源税征税方式，通过比较从价征收和从量征收的优缺点，认为资源税税率应等于国家核定的资源回收率减企业实际的资源回收率，再加1。她认为通过提高资源税税率能鼓励企业提高资源回收率，抑制企业采易弃难、采富弃贫，以多耗资源为代价换取低成本、高利润的投机行为。程素萍、王斌认为，资源税征收额度应充分考虑矿石资源自然条件的差异，实现矿山与其他行业以及同行业之间的平等竞争。商艺认为，我国资源税应该由从量计征改为从价计征，并适当提高税率，提高资源使用成本，既有助于调节资源利用，也有助于增加税收。侯清侠认为，煤炭资源税应该建立与资源利用水平挂钩的浮动费率制度，并且根据资源回采率实行不同的累进费率。在资源价格上涨的情况下，张晓东等提出高煤炭资源税适用税额，发挥资源税的调节力度，确定资源税主体税种的优势，稳定地方财力；从长远看，政府应调高资源税适用税额。段治平认为，资源税应该以利润为基础，按照资源条件和开采回收率，核定资源税率。孙钢提出税费并存是我国资源税制度改革的一个长期历史过程，应改变资源税计税方式，实行“从量定额”与“从价定率”并存的征收方式。

同时学者们从制度上研究资源税调整，其中具有代表性的研究成果包括：计金标结合可持续发展来研究资源课税和经济发展的关系，根据可持续发展理论改革我国现行资源课税体系，并对我国资源课税改革的基本目标进行设置，对税率和征税区间也进行了详细的论述。此后他又从我国资源税制的发展进程、资源地租和可持续发展等角度对资源税的功能、性质进行了重新定位，分析资源税改革在整个税制改革中的地位。冯菱君、李自如认为，现行资源税不利于对不可再生资源的开采、使用和有效配置，建议政府建立统一规范的资源税费管理体系。2004 年，宋丽颖等从资源税的角度分析了西部资源优势转化为经济优势的阻力，他们认为资源税课税范围较窄，且税收负担不合理，要扩大资源税征收范围，调整资源税计税依据，将资源优势转化为经济优势。2006 年，刘权衡等认为，应将矿产资源补偿费的计征范围扩展到矿产资源的全部消耗量并提高其费率；同时应将资源税制度列入矿产资源有偿开采制度内，征收“特别收益金”才是资源税改革的方向。2006 年，殷燚、苏迅提出，资源税存在制度的缺陷，需要从根本上对制度进行改革，资源税没有发挥功能最根本的原因在于对资源税的性质的界定，他们提出对资源税相关制度进行修改，恢复资源税调节资源级差收益的原貌，在税费调整中充分考虑资源利用情况，把资源利用作为重要条件和目的。黄炯奇、孟海锋从博弈角度分析、研究资源税改革中利益各方的行为，将交通部门与税务部门、中央与地方、政府与国有垄断石油公司作为不同利益主体，建立博弈模型分析，他们指出改革内在阻力在于如何平衡各方利益关系，并提出促进资源税改革具体策略。曲顺兰、路春城通过分析我国资源税税种作用和目前存在的问题，提出应以燃油税开征为契机，完善资源税税制，逐步形成适合我国国情的资源税制体系。殷强提出资源税改革势在必行，但资源税税负在一定程度上转嫁，加大通胀压力；同时资源税改革的时机很难把握；加上资源税归宿确定较为复杂，资源税改革必须循序渐进，以减少对社会经济发展的冲击。刘晔提出，资源税改革的基本取向是提高资源税税负，但资源税税负的提高并不意味着就能有效实现资源税改革的政策目标。他建议，对垄断性资源行业和部分耗能行业实施适当的价格管制；同时出台促进部分资源开采企业退出重组的扶持政策，引导技术进步和投入替代。

张亚明、夏杰长认为资源税费制度的改革，不应是资源税的单独调整和改革，而应是与资源相关的一系列财政税收制度的配套改革，应通过构建合理的资源税体系，保障资源价值的有效补偿，提高资源税改革的综合效果。宋馨全面归纳了资源税改革的内容和范围。他认为，资源税改革首先应提高税率以充分反映资源负外部效应；其次，应扩大征收范围，转变计征方式以充分发挥税收杠杆调节作用；再次，转变资源税分配方式以体现公平原则；最后，合并资源税和矿产资源补偿费。

总体而言，大部分学者主张调整资源税，以满足社会经济可持续发展需要。同时对资源补偿费进行改革，将资源补偿费与资源税改革相结合，全面设计和改革资源税制度。

1.2.6 相关领域的可计算一般均衡研究

在资源相关领域的定量研究上，学者们大多采用可计算一般均衡模型分析，其中主要研究成果集中在碳税、燃油税和资源以及环境税等方面。

1.2.6.1 对碳税的研究进展

在碳税的研究上，学者们大多通过可计算一般均衡模型分析碳税对碳排放和社会经济的影响。如 1999 年，郑玉歆在 PRCGEM 模型基础上，将经济活动与 CO_2 排放联系起来，考察了利用碳税控制 CO_2 排放所可能产生的成本。生产函数在嵌套的 Leontief/CES 函数基础上，将石油、煤炭、天然气、电力的 C－D 函数组合嵌套为资源，需求函数采用嵌套的 Stone－Geary/CES 函数。郑玉歆分别分析减少 5%、10% 和 20% 的 CO_2 减排情况。他得出以下研究结论：减排程度的大小、对碳税反应时间的长短以及是否减少其他税收都会影响减排成本。就整体经济而言，其受影响程度远远小于部门受影响的程度。

2002 年，贺菊煌建立了 CGE 模型来分析征收碳税对国民经济各方面的影响。模型中生产采用嵌套的 Leontief/CES 函数，模型生产要素包括劳动力、资本、资源及非资源；需求采用 C－D 函数；进口采用 Armington 假设；进出口分别用 CES 和 CET 函数进行描述。贺菊煌模拟了征收碳税对中国 CO_2 减排的效果和对社会经济的影响，但是仅考虑了征收平衡碳税，即在征收碳税时，对各部门同比例削减产值税和增值税，使生产税对 GDP 的比率保持不变。研究结果表明：碳税对中国 GDP 影响很小，使煤炭和石油的价格上升，同时煤炭产量缩减，部门资源消耗下降，煤炭部门劳动力减少。

同时还有学者研究环境政策对经济的影响，如谢剑利用扩展的社会核算矩阵，将污染税、污染治理补贴及污染治理活动纳入标准的 CGE 模型中。生产采用嵌套的 C－D 函数，需求采用 Leontief 函数，进口采用 Armington 假设，进出口分别采用 CES/CET 函数。模拟结果显示：目前的污染税体系在减少污染排放上是无效的，其原因不仅在于污染税过低，更是由于污染税的执行情况导致的。

更多的学者在整体范畴中分析和研究碳税的影响，2004 年，王韬、周建军建立了一个研究中国整体经济的 CGE 模型，对中国现行税制间接税税率调整，间接税向直接税转化，间接税调整对储蓄、投资的影响等宏观经济效应进行分析。在此模型中，生产采用 CES 型函数，进出口分别用 CES 和 CET 函数来描述，进口采用 Armington 假设。王韬针对不同模拟方案得出不同结论，提出了一些可供选择的税收政策改革。2005 年，王灿等用一个综合描述中国经济、资源、环境系统的递推动态可计算一般均衡模型，分析在中国实施减排政策的经济影响。以 2010 年实施碳税政策为模拟情景，描述了减排政策下 GDP、资源价格、资本价格等宏观经济变量的变化。结果表明：当减排率为 0～40%时，GDP 损失率为 0～3.9%，减排边际社会成本是边际技术成本的 2 倍左右。在中国实施 CO_2 减排政策将有助于资源效率的提高，但同时也将对中国经济增长和就业带来负面影响。2007 年，于娟、彭希哲构建基于 CHAYANOV 农民模型假设的 CGE 模型，分析碳税政策实施后城乡两部门的社会经济变化，对碳税实施假设给予充分肯定，提出在常规资源部门收入碳税补贴现代生物质能发展。2019 年，徐文成提出从长期效应看，增加碳税收入能有效抑制碳排放和降低碳存量，并促使企业提高减排积极性；从短期效应看，碳税会通过影响人力资本的机制对产出形成正向影响。2017 年，马祖军研究发现，当市场需求较大时，碳税可引导低碳技术，且技术成本越低、减排效果越好，政府越能以较低的碳税和较大的政策自由度引导低碳技术。2017 年，陈明生以重工业为例研究了征收碳税对能源效率提高的作用机制，研究碳税征收的效应对于推动碳税政策及环境立法具有重要的意义。2017 年，叶金珍建立包含空气污染的动态均衡模型，结果表明：市场化合理税率的环保税既能有效治理空气污染，又能维持经济福利的稳定增长；差异化环保税将激励污染行业转移，统一性环保税的长期治理效果优于差异化环保税；不合理的行政干预将降低环保税的实施效果。工业上的大量化石燃料消耗才是污染的主要来源。因此，应以市场机制为主、适度行政干预为辅，尽快推进碳税改革。2014 年，李蒙娟提出征收碳税虽然能促进节能减排，但也会减慢经济发展速度，降低社会福利。因此，研究如何能够将工业碳税减排效果最大化，将其负面效应最小化显得尤为重要。2018 年，何萍提出碳税政策对收入分配具有累退效应，基于气候治理背景，无论单独征收硫税还是单独征收碳税，我国的 GDP 均会受到影响，碳排放都会减少。

1. 2. 6. 2　对燃油税研究进展

燃油税改革是我国资源税改革的初步尝试。2005 年，陈燕分析我国以养路费为主的公路规费征管模式及存在的问题，得出公路收费模式已经不适应发展。在借鉴了国外发达国家管理经验后，她结合目前我国开征燃油税的难点提出若干建议，以养路费为改革突破口，逐渐推进其他规费的改革。

陈燕的研究为我国燃油税改革提供了一定的借鉴，但更多的学者采用定量方法分析燃油税改革。如 2007 年，张树伟通过 CGE 模型与技术模型的功能，构建模型框架，分析燃油税改革对社会经济、交通、资源的影响。张树伟以 2002 年为基础，通过构建基准线、燃油税以及“脱钩”三个递进情景，围绕“交通及其资源消费与经济增长能否脱钩”这一问题，重点研究相关影响因子对政策的响应以及资源消费趋势。

在此基础上，学者们从经济、资源和环境整体层面分析燃油税改革的政策效应。2008年，庞军等构建"资源—经济—环境"可计算一般均衡模型，模拟了中国征收燃油税的经济影响。庞军认为，征收燃油税会在一定程度上对我国的经济增长、居民福利以及部分产业的发展带来负面影响，但却将有效促进国内成品油需求量的降低，有利于保障我国资源安全。

而在2009年，肖皓、赖明勇建立了燃油税的动态可计算一般均衡模型，设计金融海啸后的预测模拟场景，分析和评价燃油税的征税效果。他们的研究结果表明，通过燃油税改革实现了"费改税"，但由于纳税群体的扩大，尽管产生了显著的节能减排效果，但不利于经济增长；同时燃油税改革会对行业产生一系列影响，但相比其他产业，交通运输部门影响较小。

也有学者从微观层面分析燃油税的改革影响，如饶呈祥建立分行业税收CGE模型，分析资源税改革对我国相关行业的影响，结果表明：资源税改革使资本要素净收益略微增加，居民消费和收入均有所增加，多数行业的中间品价格因邮电运输业产出价格下降而下行，最终产品价格有所上升。政府减少消费导致整体福利水平下降，低要素替代弹性时居民收入相对较高，价格波幅小，福利损失较小。税改将逐渐起到促进节能减排和结构调整、公平负担的效果。

同时，饶呈祥还对资源税改革对不同省份的影响进行一般均衡分析，根据经济发展水平不同，改革影响程度不同，对中等经济发达水平省份影响最大，要根据不同经济水平，选择适当调整税负率结构，提高社会整体福利水平。

2010年，夏传文、刘亦文通过MCHUGE模型仿真分析了资源税改革对节能减排的影响，研究表明燃油税改革可以优化能源产业结构，使第二产业在GDP中所占比重下降，显著降低资源消耗强度。

2009年，叶志辉对燃油税最优税率进行了分析，为资源税改革提供了很好的借鉴。他建立了包括政府、企业、消费者等在内的CGE模型，引入资本税、劳动税和燃油税等变量，通过比较燃油税前后的总效用全社会福利变化，对资源税改革后的燃油税率进行了定量分析。

在国际油价变动的情况下，曾建武采用贝叶斯向量误差修正模型实证分析各因素变化对油价变化的影响程度和国际油价波动对中国宏观经济的影响。他认为，我国现阶段经济的非市场化石油定价机制、产能过剩等降低了高油价对经济的冲击，掩盖了高油价对经济的影响。而我国国内生产总值增速、国际油价、国内石油消费量存在长期均衡关系。2007 年，陈智文系统地研究了国际油价变动的特征、传导机制、油价 – GDP 弹性及我国货币政策在油价冲击中的作用和货币政策规则选择。他认为，我国经济受油价影响较小的原因在于我国的油品定价机制、产能过剩、资源消费结构等方面起到屏蔽作用。曾建武和陈智文的研究将我国燃油税改革与国际环境相联系，为燃油税改革的影响分析提供了更宽泛的空间。2011 年，张可云研究发现，作为控制碳排放的政策工具，燃油税效果依赖于纳税者的属性和经济状况，对社会福利的改善显著。2018 年，王海林研究发现，综合采取燃油税和碳税等财税政策以及进一步加速燃料替代、提升交通工具能效等措施，才有可能在 2035 年左右实现 CO_2 排放达峰，在 2045 年左右实现交通能源消费量达峰。

1.2.6.3 环境税的研究进展

在环境税研究方面，王京芳等从环境税对社会经济影响出发，归纳分析了环境税“倍加红利”效应。他们通过介绍国外应用可计算一般均衡模型分析环境税倍加红利效用的经验，提出了在我国开征环境税和应用 CGE 模型对其进行分析的构想。

在此基础上，学者们对资源环境税进行了一系列的可计算一般均衡分析，其中主要的研究成果体现在以下几个方面：

2005 年，黄英娜等构建了可计算一般均衡模型，对中国工业行业按照差别税率对所投入的煤炭和油气产品征收资源环境税的情况进行模拟，并预测了政策在中国实施的可行性。

2006年，王德发根据《2002年上海市投入产出表》，建立了一个地区性CGE模型，结果表明，资源税的征收有效地推动了劳动对资源的替代，促进了经济结构和资源结构的调整，导致了大气污染物的减少；同时对实际产出的影响较小，表明对煤征收资源税具有可行性和合理性。

2007年，刘艳结合环境资源价值核算的方法，以海南省的数据为基础，模拟分析和定量估计了一定的环境政策对海南省经济总量和不同产业、部门的潜在影响与冲击效应，为其资源环境决策提供了科学的参考依据，以帮助实现海南省经济可持续协调发展。

2007年，胡宗义等运用MCHUGE模型对资源税的征收进行短期和长期的时间政策研究。研究表明，通过开征27元/吨标准煤的资源税，在短期和长期分别能使资源强度降低6.9%和6.99%，虽然在短期内对GDP增长及相关产业造成了负面冲击，但从长远看，这种负面影响是能够接受的。

同时，一些学者从技术进步、发展清洁能源等角度来研究资源税和环境税。如2007年，蔡文彬运用CGE模型分别模拟技术进步、资源税以及资源价格对资源强度和经济增长的影响。蔡文彬结合我国目前的实际国情，分别从节能税收政策、资源价格政策以及技术节能政策三个方面提出了具体节能政策建议。

2008年，李丕东在分析中国资源环境现状以及清洁发展机制为中国节能减排事业带来机遇的基础上，详细对比了发达国家的资源环境政策，寻求可借鉴之处，并量化分析相关资源环境政策的节能减排效果及其宏观经济影响。

2017年，李虹等运用CGE模型从区域层面分析了征收环境税和降低个人及企业所得税的政策效应。结果显示，在短期内，各地区生态占用减少，东部地区和中部地区投资需求及就业人数增加，税收方案能够引导经济增长从生态占用转向资本和劳动力要素。总产出和中间投入普遍下降，但中间投入减少相对更大，因此各地区保持经济增长，其中西部地区增长率偏低。从长期看，东部和中部地区名义GDP增长率出现短期较大幅度的下滑，随后增长率逐年增长，其中东部地区增速的下降主要是因为第二产业总产出增速放缓，中部地区总产出及中间投入的波动与 GDP 增长的波动在时间上对应，西部地区增长率及总产出和中间投入稳定增长，各地区增长得益于第二产业投入产出效率的提高。因此，建议开征环境税约束生态超额占用，相应收入用于减轻所得税，其中东部地区侧重降低企业所得税，中部和西部地区侧重降低个人所得税。

2017 年，刘宇基于环境 CGE 模型，通过对生产环节排放的 SO_2 和 NO_x 同时征收环境税，将行业 SO_2 和 NO_x 的减排量分解为产出规模效应、过程排放效应、中间投入替代效应、能源替代效应（排放基数效应和排放强度效应）和国产进口替代效应，模拟分析我国 SO_2 和 NO_x 行业排放量变化的原因，政府在征收环境税时，应着重考虑行业 SO_2 和 NO_x 减排的差异性。

在对资源税相关领域的定量分析方面，国内外的研究成果较多，学者们从不同角度分析资源税的相关影响，这充分弥补了定性分析的不足，也为矿产资源税改革提供了很好的分析借鉴。

1.2.7 国内外研究述评

综上所述，国内外的研究表明，政府可以通过资源税政策调节资源的开采、使用、消费和补偿，同时政府应将资源税税率与市场利率、主要污染物排放、生产效率和社会福利等相结合，体现出资源税政策的综合作用。大多数学者认为，目前的资源税负偏低，资源税计税方式不合理，难以体现资源价值，不利于社会经济结构调整和可持续发展；但缺乏资源税的定量分析研究的案例，难以有效地衡量资源税政策的影响。

但同时，国内现有的研究资源税影响的文献存在一些不足。第一，现有的文献往往过多局限于资源税对经济系统内部的影响，如行业影响等，而忽略了与经济系统密切相关的资源系统和环境系统的影响，对资源的生产、供给、安全和环境系统的影响缺少深层次分析；第二，现有的文献研究多以实证分析为主，往往忽略了资源税政策调整过程中的理论研究，使资源税政策调整分析缺少坚实的经济学基础理论支撑；第三，现有的实证研究中，大多用投入产出表作为基础数据来源，选择的生产函数、需求函数等类型不同，得出的结果可能大相径庭，因此需要对模拟结果进行调整，这也在一定程度上增加了资源税政策调整模拟结果的主观性。

1.3 研究内容

基于均衡思想和可计算一般均衡理论，本书分析资源税政策调整中各主体行为和相关因素，并将资源和环境等相关要素纳入可计算一般均衡模型中，构建资源税政策模拟分析模型。根据资源税政策调整的影响主体和影响范围，本书首先把资源税政策模拟分析模型基本结构划分为生产、需求、价格、进出口、收入支出、资源、环境和均衡等不同模块；其次根据中国投入产出表编制扩展的社会核算矩阵，作为模型的数据基础；最后模拟分析资源税政策调整对社会经济、资源和环境的影响，并提出相关建议。

本书的研究内容主要由以下部分组成：

第一部分：包括第 1 章和第 2 章。

第 1 章。本章主要介绍本书的选题背景和研究意义，在对现有文献分析的基础上，总结和评述国内外对资源税政策相关领域的研究成果，同时介绍本书的研究内容、主要研究方法和技术路线。

第 2 章。本章首先介绍了新中国资源税政策调整历程，分析目前我国资源税政策存在的不足；其次对我国资源税政策分析的理论基础进行分析，并归纳资源税政策调整的作用机理；最后在文献研究的基础上，设计资源税政策调整方案，并提出本书的总体思路，即“因素分析—模型构建—模拟分析和评价”，为本书研究奠定基础。

第二部分：包括第 3 章，为资源税政策调整的主体行为和因素分析。

在该部分中，本书基于跨期均衡思想，构建资源配置世代交叠模型，定义了生产者、消费者和政府的效用函数，分析资源税政策调整中各主体行为；在此基础上，对资源税政策调整中各主体行为均衡状态和相关因素进行理论分析，为资源税政策模拟分析模型构建奠定理论基础。

第三部分：包括第 4 章，为资源税政策模拟分析模型构建阶段。

第 4 章。基于可计算一般均衡理论，第 4 章首先介绍资源税政策模拟分析模型构建的基本思路、基本假设和构建步骤；其次介绍资源税政策模拟分析模型的主要结构，包括模型对象和内容、模型的扩展以及资源税政策调整的影响范围，在此基础上，本书分析了模型相关模块、主要参数和模型变量、闭合规则等关键构成；最后通过模型求解方法比较，选择数据建模系统（Generalized Algebraic Modeling System，GAMS）程序作为资源税政策模拟分析模型的求解方法。

在第 4 章中，本书具体描述了资源税政策模拟分析模型的主要模块。模型由基本模块（包括生产模块、需求模块、价格模块、进出口模块和收入支出模块等）、资源模块、环境模块和均衡模块等构成，本书定义了各模块的具体函数，通过各模块之间的相互关联，构建模型的逻辑结构。同时选择社会核算矩阵作为资源税政策模拟分析模型的基础数据，利用《中国投入产出表》编制宏观社会核算矩阵，并对其进行扩展和分解，作为模型的基础数据来源。

第四部分：包括第 5 章，为资源税政策调整模拟分析和评价部分。

第 5 章。该章在第 4 章模型资源税政策模拟分析模型构建的基础上，对资源税政策调整的影响进行了模拟，分别模拟和分析不同资源税税率区间设置以及资源补偿对社会经济、资源和环境的影响程度，并提出相应的政策建议，为决策提供参考依据。

第五部分：包括第 6 章。

该部分是本书的总结部分，在第 6 章中总结了全书的主要结论，并指出有待进一步深入研究的地方。

1.4 研究方法和技术路线

1.4.1 研究方法

资源税政策调整是一个复杂过程，其涉及利益主体和范围相当广泛，对社会经济发展和生态环境保护有深远的影响。本书所采用的研究方法包括：

（1）跨期均衡分析方法。

基于跨期均衡思想，本书通过分析我国资源税政策调整中的各主体的决策行为，构建世代交叠模型深入分析资源纳税政策调整中的各主体行为，并着重分析影响因素及其相互关系。

（2）可计算一般均衡分析方法。

基于可计算一般均衡理论，本书构建资源税政策模拟分析模型对资源税政策调整进行模拟分析；在相关模块选择的基础上，定义相关函数并编制社会核算矩阵为模型的基础数据，为定量分析资源税调整的政策效应奠定基础。

（3）计算机模拟分析方法。

通过计算机仿真模拟对资源税调整的政策效应进行分析，在比较各种主要应用程序后，选择使用GAMS软件对资源税政策模拟分析模型进行求解和分析。

1.4.2 技术路线

在相关文献和理论研究的基础上，首先总结了目前我国资源税政策存在的不足，设计我国资源税调整方案，并提出了本书的研究思路；其次构建资源配置世代交叠模型（即资源配置OLG模型，下同），分析资源税政策调整中的各主体行为，并研究各主体行为的相关影响因素，在此基础上，构建资源税政策模拟分析模型，选择相关模块、基础数据、相关参数、闭合规则和模型求解程序；再次通过资源税模拟分析模型分别模拟资源税税率调整和资源补偿的影响，并提出相关政策建议；最后总结本书的研究内容和结论，并指出有待进一步深入研究的地方。基于采用的研究内容和研究方法，本书的技术路线如图 1－1 所示。

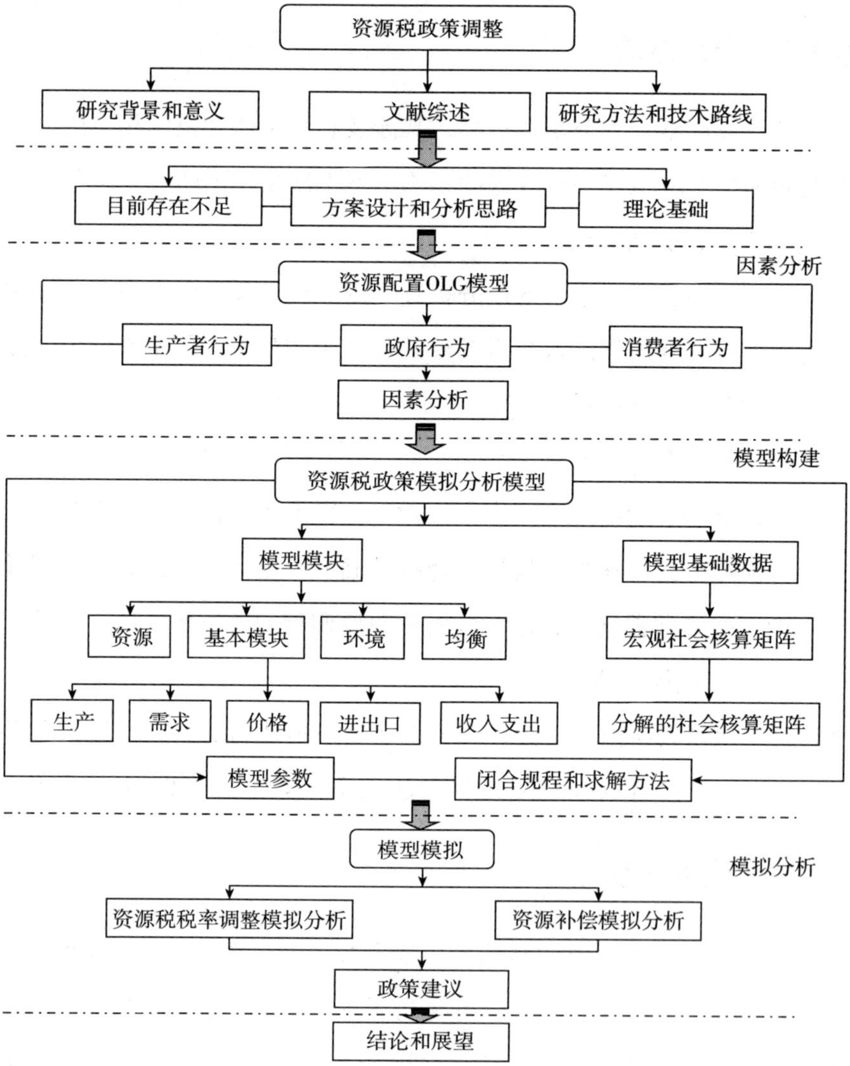

图 1－1　本书的技术路线

第 2 章

低碳经济下资源税改革机理

2.1 新中国资源税改革历程和目前存在的不足

2.1.1 新中国资源税改革历程

一般意义上说，资源税是对应税自然资源征收税种的总称。目前我国资源税的征税范围包括矿产品和盐两大类，盐税的历史悠久，可以追溯到夏、商、西周时期，相对其他资源税税种而言，盐税的税额较大，且易于普遍征收，一直以来资源税（尤其是盐税）都是政府的主要财政收入之一。

在对资源税相关文献研究和我国资源税调整历史分析的基础上，本书将新中国资源税发展分为以下几个时期，分别为探索时期、深化改革时期、停滞时期和变革发展时期等。

第一，探索时期（1949～1993 年）。

早在 1950 年，当时的政务院发布了《全国税政实施要则》，将盐税单独作为一个税种，开始初步建立了新中国资源税征收制度。1958 年前盐税由盐务部门征收，之后改为税务部门负责征收，1973 年，盐税被并入工商税的范畴，而到了 1984 年，盐税又独立成单独的一种税种，直至 1984 年并入资源税中。同年，国务院出台《中华人民共和国资源税条例（草案）》，对原油、天然气、煤炭三种资源征收资源税，但改革覆盖方位相对有限，征收对象仅限于利润率超过 12% 的企业；在 1986 年，国家出台《中华人民共和国矿产资源法》，规定对矿产资源实行有偿开采，同时规定缴纳资源税和资源补偿费，资源税费并存的制度首次以法律的形式确立下来并一直沿用至今。

第二，深化改革时期（1994～2006 年）。

在 1994 年税制改革时，国务院出台《中华人民共和国资源税暂行条例》，按照“统一税种、简化税制、贯彻普遍征收、级差调节”等原则，将盐税并入资源税，作为资源税的一个税目，扩大了资源税的征收范围，同时列出了各种已发现矿产资源的补偿率。

由于1994年税制改革中确立的资源税制度在实际运用中产生大量问题，关于资源税改革的呼声不断响起，且有日益加大的趋势。从2004年起，国家税务总局对山东、陕西、山西、青海、内蒙古5省（市、区）的煤炭资源税单位税额进行了调整。2005年又分别调整了河南、宁夏等12个省（市、区）的煤炭资源税单位税额，同时调整了包括石油、天然气等在内的部分矿产资源的单位税额。2006年国家对石油征收特别收益税。这一时期，资源税改革重点在于税种调整。

第三，停滞时期（2007~2009年）。

由于2007年国际能源价格波动和2008年国际金融危机的影响，这一时期，为保证我国经济持续快速增长，资源税政策调整受国内外环境影响较大；在国际金融危机的背景下，如果我国资源税税负水平提高，则会导致资源价格上涨，不利于扩大内需，同时会对经济的稳定增长形成一定的压力，此时我国的资源税政策调整处于停滞阶段。

第四，变革发展时期（2010年至今）。

2010年，温家宝总理在《政府工作报告》中提出要加快资源税改革，深化资源性产品价格和环保收费改革，同时在《发展和改革委员会关于2010年深化经济体制改革重点工作意见》中明确指出，出台资源税改革方案，并开展研究开征环境税的方案。在一系列重要政策的指导下，我国开始对资源税改革的试点工作。2010年6月1日，财政部、国家税务总局制定了《新疆原油、天然气资源税改革若干问题的规定》开始新疆资源税改革的尝试。此次改革亮点在于改变了资源税计税方式，将资源税计税方式由从量征收改为从价征收，实行5%的从价税率。由于计税方式的变革预计每年可使新疆财政增收40亿~50亿元，资源税将跃居新疆地方税收的第二大税种，同时资源税改革也将使新疆地方经济发展、资源与生态环境保护力度得到不同程度的提高。2011 年 10 月 31 日，财政部、国家税务总局发布《中华人民共和国资源税暂行条例实施细则》，从 2011 年 11 月 1 日起，原油、天然气将在全国范围内实行“从价征收”，税率定为 5%。《中华人民共和国资源税暂行条例》提高了焦煤资源税率，达到 8～20 元/吨，其他煤种仍维持 0.3～5 元/吨，但煤炭资源税依然为从量计征。2016 年 5 月 10 日，财政部、国家税务总局联合发布《关于全面推进资源税改革的通知》，自 2016 年 7 月 1 日起，我国全面推进资源税改革，资源税征收方式由从量征收改为从价征收。在总结试点经验的基础上，财政部、国家税务总局将选择其他地区逐步扩大试点范围，条件成熟后在全国推开（实行）。2018 年 12 月 23 日，资源税法草案首次提请十三届全国人大常委会第七次会议审议，这意味着资源税暂行条例将上升为法律。

2019 年 8 月 26 日第十三届全国人民代表大会常务委员会第十二次会议通过《中华人民共和国资源税法》，自 2020 年 9 月 1 日起施行，标志着资源税改革已上升到国家战略层面。

2.1.2　目前资源税政策存在的不足

尽管经过多年调整和发展，我国资源税政策相关研究和改革实践已逐步深入，政府对重要自然资源的配置能力明显提高，但目前我国的资源税政策仍存在一些不足，主要表现在以下几个方面：

第一，资源税征收范围较窄，难以全面涵盖重要自然资源。目前我国的资源税征税范围仅包括矿产品和盐两大类，其中矿产品主要是原油和煤炭。之后虽然经过几轮调整，但只是对资源个别品种进行小范围变化，而土地、水、树林、草场等自然资源至今仍未纳入资源税的征收范围，同时资源短缺现象突出，且浪费极为严重，亟须加大对这些重要自然资源的管理和保护力度。

第二，资源税税负水平低，难以有效体现资源价值。目前我国资源税征税范围的税额标准普遍比较低，与此同时，重要自然资源的市场价格却在不断上升，在名义资源税税负不变的情况下，资源实际税负不断降低，尽管我国对煤炭、原油等重要自然资源税额做了调整，资源税税收收入从1994年的45亿元上升到2009年的338亿元，但相对于以前的税收收入总额，所占比例仅为0.57%，实际税负仍然偏低，难以真实反映资源的价值。

第三，资源计税方式不合理，难以有效调控资源配置。根据《中华人民共和国资源税暂行条例》，目前我国资源税计税方式实现从量计税到从价计税的转变。传统计税方式简单易行，在资源市场价格相对稳定的时候，从量计税的计税方式便于征管，更有利于调控配置；但随着资源市场价格的快速上升，不合理的资源税计税方式造成了资源过度开发和浪费的情况，尽管计税方式转变为从价计税，但赋税标准仍较低，客观上形成不合理开采和使用资源的情况。

第四，目前我国的资源补偿严重不足，难以满足社会经济可持续发展的需要。目前，我国仅征收矿产资源补偿费；但同时规定矿产资源补偿费用于矿产资源的勘查、保护和合理开发，这使得我国资源补偿严重不足，形成资源价值偏低的幻觉，也造成我国资源使用的浪费和过度开采现象，使得资源补偿形同虚设，严重影响了我国社会经济的可持续发展。

2.2 资源税政策分析的理论基础

基于我国资源税政策的特点和公共政策属性，对我国的资源税政策分析的理论基础应包括外部性理论、资源耗竭性理论、公共物品理论、循环经济理论和可持续发展理论等。

2.2.1 外部性理论

外部性是指经济主体的活动对他人和社会造成的非市场化的影响，根据影响不同可以分为正外部性和负外部性。资源消费时产生过度消费和环境污染问题，被称为资源消费产生的外部性问题，即主体资源消费活动对其他主体所产生的影响，且这种影响并未通过价格机制反映。

外部性理论起源于马歇尔（1890），他认为："对于经济中出现的生产规模扩大，应分为两类，第一类，生产扩大依赖于产业普遍发展；第二类，生产扩大来源于单个企业自身资源组织和管理的效率。我们把前一类称作外部经济，将后一类称作内部经济。"马歇尔对经济规模扩大原因做了理论上的解释，并首次提出了外部性理论的雏形。

针对社会经济中广泛存在的外部性现象，庇古（Pigou）在 1920 年的《福利经济学》中进一步完善了外部性理论。他率先提出通过征税的方式来矫正外部性，认为由于私人成本和社会成本的不一致，从而导致市场配置资源机制失灵，庇古同时提出了外部性有正负之分，通过补贴或征税等方式来实现对社会资源的重新安排。庇古的这种通过税收方式解决资源外部性的思想后来就成为著名的"庇古税"。"庇古税"在解决资源使用和消费过程中的外部性问题方面得到了广泛应用，最重要的体现在排污收费上，即政府给排污企业一个确定的污染额度标准，通过对每单位排放到环境中的污染物进行收费。而奈特（Night）、埃利斯（Ellis）和费尔纳（Fellner）则对资源外部性提出了不同的观点，他们认为外部不经济更多在于稀缺资源产权界定不清晰。科斯（Coase）在《社会成本问题》中也有相关的论述，科斯提出了"交易成本"的概念，为外部性理论的扩展提供了发挥空间。他认为庇古在一条错误的道路上来研究外部性问题，同时他在著作中也证明了在交易成本为零时，经济主体会将外溢成本和收益考虑在内，此时庇古的结论完全站不住脚。

鲍默尔（William Baumol）和奥茨（Wallace Oates）在 1988 年对外部性概念进行了全面的概括，他们认为："如果某个经济主体的福利中包含的某些真实变量的值是由他人选定的，而这些人不会特别注意到其行为对于其他主体的福利产生的影响，此时就出现了外部性；对于某种商品，如果没有足够的激励形成一个潜在的市场，而这种市场的不存在会导致非帕累托最优的均衡，此时就出现外部性。”鲍默尔和奥茨的解释使外部性概念得到进一步完善，使人们对外部性有了更加深入的了解。

当负外部性出现，即所谓的市场失灵时，资源的使用和消费低于帕累托最优，外部性理论提出以下几种解决方法：第一种方法，政府对负外部性行为进行征税，即“庇古税”，对负外部性的资源使用和消费行为收取污染税，从而促使资源使用者自发地减少负外部性行为，同理，也可以对资源使用或消费的正外部性行为进行资源补偿，以奖励资源的节约和使用，如征收资源税和资源补偿费等；第二种方法，政府进行直接干预，即政府通过颁布法律或行业标准的形式来强制规范资源使用和消费行为，一旦违反规定，政府将对违反者进行处罚，减少资源使用和消费的负外部性行为，如施行《资源保护法》等；第三种方法，进行资源使用权交易，即资源使用者可以在市场上自由交易所拥有的资源使用权，以市场机制来解决资源使用的负外部性，如排污权交易等。

外部性理论很好地解释了资源使用和消费产生的环境污染现象，对资源负外部性的原因有了更深刻的理解，并为当前我国的资源税政策调整提供了方法论基础，有积极借鉴作用和重要意义。

2.2.2 资源耗竭性理论

根据资源的数量变化，可以将资源分为耗竭性资源、稳定性资源和流动性资源，其中，耗竭性资源指的是以一定量蕴藏在一定的地点，并且随着人们的使用逐渐减少，直至最后消耗殆尽。在自然界中，最具有代表性的耗竭性资源是矿产资源。

对资源的耗竭性研究最早源于20世纪30年代，霍特林（Hotellin）在1931年发表了《可耗竭资源经济学》，标志着对资源的耗竭性研究的开始；肯尼迪·斯特勒瑞（Kennedy）在1954年首次提出了资源耗竭模型，并以镍矿为例进行资源耗竭性的实证分析；随着20世纪70年代“石油危机”的爆发，欧美等国的经济学家开展了对资源的开发和利用的一系列研究。尤其是加大了对矿产资源勘查、开发、利用和耗竭等方面的研究。资源耗竭问题逐步被人们所认识，并从单纯的工业技术研究走向经济学研究的范畴，资源耗竭理论开始建立并逐步完善，资源耗竭的相关经济模型也被构建，资源补偿的方式、资源的代际间管理、绿色 GDP 核算的新概念和新体系逐步建立，并被广泛应用于资源的耗竭实际研究和分析中。

资源耗竭性理论被广泛应用于以矿产资源为代表的资源耗竭问题研究中。资源耗竭的研究主要集中在以下领域：第一，对耗竭性资源进行宏观研究，即将耗竭性资源开采和使用与经济增长相联系，通过耗竭性资源嵌入经济系统中，运用发展经济学、生态经济学和环境经济学等学科的分析方法，研究耗竭性资源对经济增长的宏观作用；第二，对耗竭性资源进行微观研究，包括耗竭性资源的价格、最优开采量以及最优税收和补充等相关问题。1977 年，哈特威克（Hartwick）提出了特别储蓄准则，即“Hartwick 准则”，是将从有效率的不可再生资源开采活动中获取的租金储蓄下来，全部用于再生产的资本投入。Hartwick 将资源开发和耗竭与社会经济的可持续发展联系起来，为资源耗竭性分析和资源的代际配置提供了有效依据。

1999 年，法尔辛（Farzin）通过分析小规模耗竭资源出口经济（ERE）研究出最优储蓄政策。通过研究发现，在空间和时间维度上，小规模耗竭资源出口经济的最优储蓄政策完全不同于非开采经济，而与传统耗竭资源的增长模型的结论基本一致。

同时，学者们还通过世代交叠模型分析具有可耗竭资源的迭代经济中的最优增长问题。派克斯（Pexxey）在 1992 年通过可计算的一般均衡模型研究得到，即使竞争市场建立，产权系统完全引入，严重环境恶化情况仍存在。派克斯的研究从一个侧面验证了市场失灵的现象，为资源配置和环境治理中的政府定位提供了借鉴作用。

摩尔摩斯（Mourmouras）在 1993 年通过具有“祖父化”（Grandfathering）

的迭代模型得出类似的结论。通过迭代模型分析，他发现人工资本与自然资本初始以排他性产权被给予现在的一代，并出售资本给其后代为晚年做准备，这一储蓄机制可能难以防止社会福利的逐步减少。摩尔摩斯通过世代交叠模型将自然资源的配置形象化，增加了学术界对自然资源代价内和代价间配置的认识，为世代交叠模型在资源配置中应用提供了借鉴作用。

在摩尔摩斯研究的基础上，2001 年，格拉吉夫和迪凯瑟（Gerlagh，Keyzer）在具有耗竭资源的迭代经济中比较了三种政策的效果。第一，强制储存的“零开采”政策以避免环境恶化，但可能以跨期效率为代价。第二，“祖父化”政策，即赋予当前代所有资源并确保有效性，但不能防止这一代到下一代在生命周期效用上连续的下降。第三，“信托基金”政策，即赋予当前代和下一代的成员对自然资源具有同样的权利。在政策的比较中，他认为信托基金政策能够确保有效性并保护所有代的福利。

1997 年，奥尔森和肯纳夫（Olson，Knapp）分析了迭代经济中一种可耗竭资源的竞争性配置，给出了均衡开采原则的存在条件，以使得开采与在未来储量上的投资都是增长的，在目前储量上都是连续的。奥尔森和肯纳夫通过资源竞争性配置，扩展了资源配置世代交叠模型的前提条件，使迭代模型应用性进一步增强。

同时，资源耗竭性理论还将资源补偿与可持续发展联系，资源补偿可以弥补代际内和代际间的资源配置和利益共享，是用来赔偿超额消费资源的代价。雷蒙德·米克塞尔（Raymond F. Mikesell）指出：“传统的确定自然资源最优配置方法——选择利用资源净现值最大的方案，是在社会贴现率下，选择年净收入（收益—成本）流量贴现值最大的方案。当这种方法应用于可耗竭的自然资源时，以消耗资源换取收入会因此造成资源耗竭与产量持续增长的矛盾。”“可耗竭资源效益的贴现与跨代间利益共享”这一观点也代表了资源耗竭理论对资源补偿的基本观点，将资源收入分为耗竭部分和非耗竭部分，应对耗竭部分予以足够的补偿，才能保证资源的可持续利用。

资源耗竭性理论改变了长期以来人们对资源配置的基本看法，该理论指出未来经济增长必然会受到自然资源的影响，尤其是耗竭性自然资源的约束；同时资源耗竭性理论也提出了对资源进行补偿的思想和方法，为我国资源税政策调整提供了新的思路。

2.2.3　公共物品理论

在资源的使用和消费中，存在大量的公共物品和准公共物品，公共物品理论为政府提供了理论基础。

1739 年，休谟（Sandmo）首次提出了公共物品这一概念，他认为，“公共物品不会对任何人产生突出的利益，但对整个社会来讲则是必不可少的，公共物品的生产必须通过联合行动来实现”。休谟对公共物品的定义使人们对物品性质和资源配置有了更加深入的了解，也为资源配置相关理论发展奠定了基础。

1954 年，萨缪尔森（Samuelson）提出了公共物品的经典定义：“每个人对这种物品的消费不需要从其他人对它的消费中扣除。”即一个人对它的消费不会导致别人对该物品消费的减少，公共物品的边际生产成本为零和边际拥挤成本为零。萨缪尔森认为单纯通过市场机制无法使公共物品供给符合“帕累托最优”，其原因在于消费者具有“搭便车”的心理，在消费时隐瞒自己的真实偏好，这就无法发挥市场价格机制的作用，出现市场失灵现象，在这种情况下，只能由政府来提供公共物品。

1965 年，布坎南（Buchanan）在“俱乐部的经济理论”中首次对公共产品进行了讨论，根据公共物品的非排他性和非竞争性大致把公共物品分为：①纯公共物品，它同时具有非排他性和非竞争性的属性；②准公共物品，它只具备非排他性和非竞争性其中的一个属性。布坎南认为萨缪尔森只将物品分为纯公共物品和纯私人物品两类的研究方法是不完整的，现实中有很多物品处于这两者之间的中间状态。他以一种俱乐部物品来涵盖从纯私人物品到纯公共物品的所有情况，布坎南的理论表明，俱乐部成员的效用同时取决于俱乐部物品与成员数量。若俱乐部物品太多，则私人物品消费量少，故效用不高；若俱乐部物品太少，则效用同样较低；若俱乐部成员太多，就会因拥挤而减少效用；若俱乐部成员太少，则每人分摊成本较高，也会减少效用，所以俱乐部中的物品与成员数应适度，并且应同时决定。

蒂伯特（Thibert）从以足投票与资源配置角度提出了蒂伯特模型。他认为分权决策可以自动实现地方公共物品配置上的帕累托效率。而在地方公共物品生产或公共资源配置等方面，蒂伯特主张通过个人分权行动实现帕累托最优。

斯蒂格里茨（Stiglitz）认为地方公共物品的某些特征会使帕累托状态无效，其中，最重要的一个特征就是与向个人提供这种物品相联系的基本非凸性。在有地方公共物品的场合，非凸性的原因是向一个新加入者提供一定数量公共物品的成本是零。当存在数目有限的社区时，这些社区可能会使自己更富有吸引力，这种情况类似于只有几个垄断竞争厂商的市场。斯蒂格里茨认为，由不同地区竞争性的供应的地方物品与通常的私人物品竞争均衡模型之间存在着类似性，但是只有在社区和个人恰好是以适当的比例存在，而且每个人非短见的行动才能使地方物品的均衡是帕累托最优的。但是，在更现实的情况下，一些情况时的均衡并不存在，即使存在，可能也不具备帕累托最优。

通过公共物品理论可以看到，政府必须加强对准公共物品的管理，以实现资源配置和使用的帕累托改进，增强资源的配置效率，提高资源的管理水平，从而进一步明确资源税政策调整中的政府行为定位。

2.2.4 循环经济理论

20 世纪 60 年代，循环经济的概念由美国经济学家波尔丁（Paulding）首先提出。他认为循环经济是“在人、自然资源和科学技术的系统内，在资源投入、生产、消费及其废弃的全过程中，把传统的依赖资源消耗的线形增长经济，转变为依靠生态型资源循环来发展的经济”。

相对于传统经济而言，循环经济理论体现出一种新的经济发展观，主要表现在以下几个方面：第一，循环经济追求的是一种“储备型”经济增长方式，与传统追求“增长型”经济增长不同，循环经济理论主张通过“减量化、再利用、资源化”提高资源利用率和循环使用率；第二，循环经济追求各种资源循环发展的经济模式，而不是传统“单程式”的经济发展模式，循环经济理论主张采用“休养生息”的经济发展，改变依靠资源大量投入和消耗来拉动经济增长的发展模型；第三，循环经济追求福利与数量并重的社会发展，在追求生产数量发展的同时，也要保证福利的发展。

循环经济理论体现出一种新的价值观，体现在自然资源、科学技术和人等方面。在对自然资源的认识上，循环经济理论认为不仅要将自然资源作为一种可供社会利用的基础生产资源，而且要将自然资源当成维护社会系统良性循环的必要条件，通过资源的循环使用实现社会的循环发展；在对科学技术的认识上，循环经济理论认为在科学技术进步提高自然的利用情况时，更要关注到科学技术对提高自然生态系统恢复能力的作用，使科学技术发展更加有利于社会发展；在对人的认识上，循环经济理论认为在充分考虑人自身需求的基础上，更要注重人和自然的和谐相处，通过人自身的全面发展，促进社会循环发展。

循环经济理论体现出一种新的生产观和管理思想。循环经济理论要求在社会生产和政府管理过程中，充分考虑自然系统的承载能力；循环经济理论主张通过政府政策调控，尽可能地节约自然资源，提高自然资源的利用率，并从自然资源开采、生产、消费和回收等全过程充分利用资源，实现少投入、多利用和低排放；同时循环经济理论认为在政府引导下，可以将工业和农业等行业之间、生产和消费等环节之间、城市与农村等区域之间有效结合起来，实现自然资源的循环利用和社会的循环发展。

发展循环经济已成为国际发展的趋势，我国在 20 世纪 90 年代开始逐步引入循环经济理论，确立了循环经济的发展模式；同时将发展循环经济纳入科学发展观，成为我国发展的重要战略之一。

以“3R”（Reduce，Reuse & Recycle）原则为中心的循环经济理论可以有效指导解决当前我国自然资源相对短缺而又大量投入和消耗的问题。目前，我国正处于工业化高速发展时期，社会经济发展结构亟待转型，循环经济理论对通过政府政策引导发展循环经济，提高资源循环利用效率，建设循环社会具有重要指导意义和作用。

2.2.5 可持续发展理论

可持续发展理论在20世纪中叶出现后，一直是学者们研究的热点。20世纪60年代，人口数量激增、环境污染加剧、能源供给紧张和资源破坏严重等一系列问题产生了前所未有的发展压力，直接影响社会经济的发展。可持续发展逐步被人们重视，20世纪60年代，肯尼斯·鲍尔丁（Kenneth Boulding）发表了论文《一门科学——生态经济学》，提出了著名的“宇宙飞船经济观”，指出经济发展中生态问题的严重性。

1971年，福雷斯特尔（Forrestal）在《世界经济学》中提出，人类经济发展会由于资源枯竭而停滞。在1972年，罗马俱乐部丹尼斯·麦多斯（Dennis）等在《增长的极限》一书中提出，“经济增长已临近自然生态极限，单纯注重经济增长将无可回避地导致贫富悬殊、人际失衡和生态无序等全球性问题”。丹尼斯·麦多斯等提出了“增长极限论”，可持续发展理论进入主流经济学的研究范畴。1978年，国际环境和发展委员会（WCED）首次在文件中正式使用了可持续发展概念。在此之后，1987年布伦特兰（Brundtland）在《我们共同的未来》（*Our Common Future*）的报告中阐述了可持续发展的理念，对世界发展政策及可持续发展思想界产生重大影响。1992年，“联合国环境与发展大会”（UNCED）通过了《地球宪章》和《21世纪议程》两个纲领性文件，标志着可持续发展从理论探讨走向实际行动。

《我们共同的未来》和《地球宪章》详细阐述了可持续发展的定义。《我们共同的未来》将可持续发展定义为“可持续发展是既满足当代人的需要，又不对后代满足其需要的能力构成危害的发展”，这一定义成为可持续发展影响最深远的定义。在《我们共同的未来》中，布伦特兰提出了可持续发展的三个基本原则，即公平性原则（Fairness）、持续性原则（Sustainable）、共同性原则（Common），他的这三个原则强调了全面、协调和不危及后代生存和发展的理念。在此基础上，《地球宪章》强调人类应当与资源环境和谐共存，与自然协调发展的可持续发展理念。

可持续发展理论具有丰富的理论内涵和内容，强调共同发展、协调发展、公平发展、高效发展和多维发展，同时包含经济可持续、生态可持续和社会可持续三方面的协调统一。第一，经济可持续指的是在追求经济增长的同时，注重资源节约和环境保护，经济增长不应以资源透支和环境破坏为代价，在追求经济总量和规模增长的同时，应更注重经济质量的提高，经济的可持续增长应改变传统“高投入、高消耗、高污染”的资源消费和经济增长模式，通过资源集约型的经济增长方式实现经济快速增长；第二，生态的可持续指的是经济增长和社会发展要与资源和生态环境协调，对资源的开采和消费要在自然的承载能力范围之内，在发展的同时必须保护好资源和环境系统，生态的可持续强调了资源和环境是有限的，经济发展必须受到相应的限制，通过发展模式的转变，实现经济、资源和环境系统的协调发展；第三，社会的可持续发展强调以社会公平促进经济、资源和环境的协调发展，通过社会公平机制来保证生态和经济的可持续发展。在可持续发展的整体框架中，经济的可持续是发展的基础，生态的可持续是发展的条件，社会的可持续才是发展的目的和保障。

在可持续发展核心理论研究中，最重要的研究流派包括资源永续利用理论、外部性理论、资源代际分配理论等，这些理论被用来指导如何有效地进行资源使用和配置；同时可持续发展理论在现实生活中具有重要意义。首先，可持续发展理论修正了对传统 GDP 的认识，使人们认识到 GDP 增长并不能保证资源和环境系统的同步改善，修正后的 GDP 包含了资源的消耗和因环境破坏造成的影响及其对生态功能、环境状况的损害等因素。其次，在可持续发展理论的指导下，通过非货币化形式建立自然资源核算账户，使资源和环境与经济变化的关系更加容易衡量，穆拉辛格（Murashige）从概念或价值评估的角度将环境资源的经济价值划分为两大类：使用价值、非使用价值。前者被划分为直接使用价值、间接使用价值以及选择价值，其中，选择价值就是指当代人为了保证后代对资源的使用而对资源的支付意愿。非使用价值是指人类的发展将有可能利用的那部分资源的价值，也包括那些能满足人类精神文化和道德需求的环境资源的价值。再次，可持续发展理论有利于资源和环境价值的评估，皮尔斯等（1960）认为，环境资源的价值应包括以下三部分成本：一是资源开采或获取的成本；二是同资源开采、获取、使用有关的环境成本；三是由于当代人使用了这一部分资源而不可能成为后代人使用的效益损失。最后，可持续发展理论有利于衡量一国或一地区的可持续发展水平和可持续发展能力，希克斯（Hicks）在1946年提出了可持续收入（Sustainable Income）的概念，他认为只有当全部资本存量随时间保持不变或增长时，这种发展方式才是可持续的。通过可持续收入的概念来调整国民经济核算体系，能够更加合理地判断可持续发展能力和水平。

2.3 资源税政策调整的作用机理

资源与经济、环境系统相互关联，资源政策的变动会产生一系列连锁反应，对社会经济和资源以及环境系统等产生巨大影响。

2.3.1 资源对社会经济和环境的作用

资源、环境与环境系统是一个相互联系的整体，各系统之间彼此依存、相互作用，其相互关系如图2－1所示。

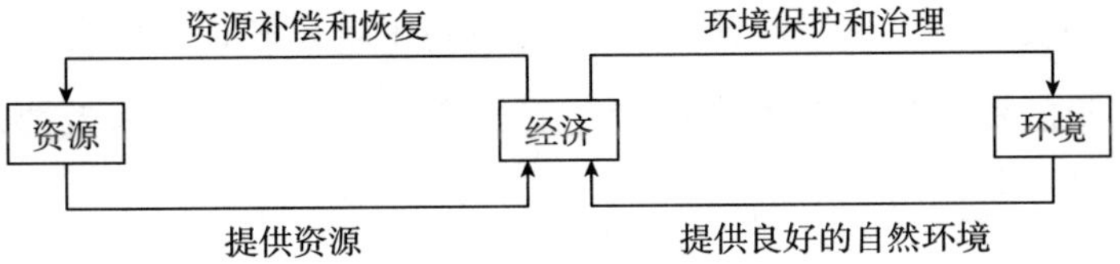

图 2－1　资源、经济与环境的相互关系

社会经济发展是各系统之间相互协调、相互促进的过程，资源—经济—环境系统呈现“环状耦合嵌套”（见图 2－2）。

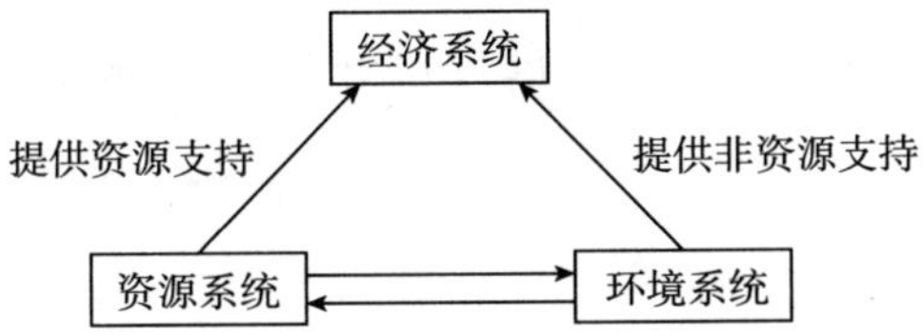

图 2－2　资源对环境和经济的支撑作用

资源、经济和环境作为社会经济发展核心的组成部分，三者之间的相互作用和协调程度是社会经济持续快速发展的基础和保障。经济发展需要消耗大量的资源，资源是社会发展的基础；与此同时，资源过度消费也产生了大量的污染问题，形成资源、经济和环境的不协调，使社会经济发展面临新的挑战。资源—经济—环境复合系统的“环状耦合嵌套”关系中，资源系统既是社会经济发展的基础和动力，也是环境系统的载体和保障。

2.3.1.1　*资源是社会发展的基础*

资源是社会发展的物质资源基础，为社会发展提供必需的基础生产资料，通过技术进步可提高资源利用率，而加大对资源系统的投资和保护力度也可提高资源的存量和使用效率。资源对社会发展的影响过程如图 2－3 所示。

同时，社会发展增加了资源的需求，必须要充分考虑资源的承受力。当资源和社会协调发展时，资源合理配置，资源利用效率高；当资源与社会发展不协调时，有限的资源和经济的高速发展必然存在矛盾，必须有效协调两者之间的关系。

图2－3　资源对社会发展的影响过程

2.3.1.2　资源是经济发展的动力

资源是经济发展的推动力之一，资源系统一方面为社会提供大量的物质资料；另一方面也可为经济可持续发展提供保障，资源对经济系统的影响如图2－4所示。

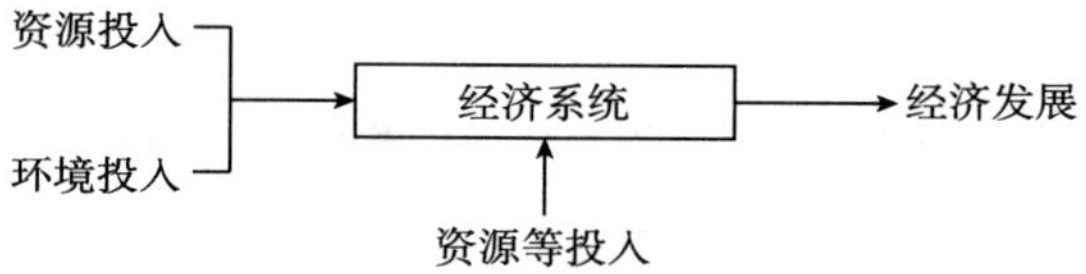

图2－4　资源对经济发展影响过程

资源等要素投入为经济系统发展提供了动力，直接结果体现在经济发展。当资源和经济系统协同发展时，社会经济呈现有序发展状态，此时资源为经济发展提供了发展动力，使经济能平稳、快速地发展。

2.3.1.3　资源是环境发展的载体和保障

资源系统是环境系统最重要的发展载体之一，资源系统变化过程如图2－5所示。

环境系统决定着社会经济能否可持续发展，环境承载力取决于社会经济的协调程度，经济快速增长在消耗大量资源的同时，也会制造大量的污染，这些都会对环境系统造成极大的负面影响，形成经济、资源和环境系统之间的冲突，使环境承载力大幅下降；另外，这些冲突和矛盾又是可以协调的，可以通过资源投入改善环境系统的载体情况，为改善环境系统提供物质保障。

图 2－5　资源对环境系统的影响

2.3.2　资源税政策调整的作用机理

资源税政策调整是由多种因素决定的。首先，资源价格变动不仅由自身价值决定，更受宏观经济和国际市场供给的影响；其次，资源同时也是一种社会政治产品，受生态环境和社会政治的影响，而受生态环境和社会政治的影响程度难以准确度量；最后，由于资源具备双重属性，资源政策的变动往往异常复杂。

在大力提倡“低碳经济”的社会背景下，调整资源税政策成为理顺资源产品价格、实现有效节能减排的必然选择。在资源税政策调整过程中，资源税政策如何影响资源消费、社会经济发展和环境等变化的机理研究，国内学术界关注较少，且大多数局限于某一方面或某一领域范围内。本书首先从社会系统整体角度，以资源税政策调整为契机，通过资源税政策传导机制解释资源税调整的政策效应。其次从整体看，资源税政策调整将直接影响资源价格，在资源系统内资源税政策调整将使资源供给和消费发生变化，并通过价格机制传导到经济系统，影响宏观社会经济发展，最后使环境系统产生叠加效应，在减少资源开采对自然环境破坏的同时，又有效减少对资源利用时产生的污染，从而有效节能减排。资源税政策调整的传递过程如图 2－6 所示。

资源税政策调整会对资源、经济和环境系统产生重大影响，由于社会系统内存在连锁反应，进而产生一系列叠加效应，资源税政策调整会使资源、环境和社会经济系统发生变化，由于复合系统内部之间关系相当复杂，各系统之间互相影响，互相作用，研究时必须将资源、经济和环境系统作为整体综合考虑。

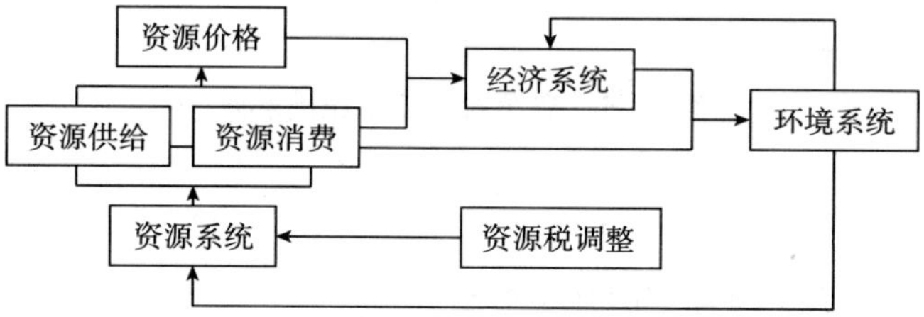

图 2－6　资源税政策调整的传递过程

2.4　资源税政策调整分析的研究思路

2.4.1　资源税政策调整方案设计

基于相关研究和目前我国资源税政策存在的不足，本章提出了资源税政策调整的主要目标，并从公平性和效率性两个方面出发，设计资源税调整方案。

2.4.1.1　资源税政策调整的主要目标

资源税政策调整是我国财税体制改革的重要组成部分，对资源政策调整涉及范围广、影响程度大，是极其复杂的决策过程。基于相关文献研究，本书得出资源税政策调整的主要目标。当前我国资源税政策调整的主要目标在于建立和完善全面覆盖的资源税征收体系，改变资源不合理的配置和使用方式，充分体现资源市场价值，逐步提高资源的使用效率；提升资源系统的补偿和恢复能力，促进资源使用代际内和代际间的公平，协调资源与经济、环境之间的关系，从而促进社会经济、资源和环境全面可持续发展。

2.4.1.2 资源税政策调整方案设计

鉴于资源税政策调整必须围绕资源税政策的目标，本书认为资源税政策调整应建立在以下基础上：第一，通过资源税政策调整方案设计，既不影响社会经济发展，又能保障社会经济、资源和环境协调发展；第二，通过资源税政策调整方案设计，可以将资源税政策调整带来的负面影响降至最低。资源税政策调整的目的一方面要使资源价值完全实现，消除资源价值和价格的背离，纠正资源价格和收益分配之间的扭曲关系，保障资源所有权收益；另一方面也必须保障资源在代际内和代际间的使用公平，合理配置资源的开发和使用，抑制资源的过度消费和浪费，弥补资源补偿不足，协调资源与经济、环境系统的矛盾，确保资源的可持续利用。

从最优税制理论上看，存在两种不同的观点，即税收公平性和效率性的不同政策取向。拉姆塞（Ramsey）认为，最优税制为使超额负担最小，此时的税收为最公平的税收；而阿维纳什（Avinash）则持相反的观点，他认为资源的需求弹性越高，征税所造成的扭曲效果越明显，此时税收越高越有利于保持效率。基于相关理论和国内外对资源税政策调整的文献研究，在比较资源税政策调整的各种方案和观点的基础上，本书认为资源税政策调整在于如何确保资源使用的效率性和公平性等方面。一方面，效率性是指在资源开发、生产和使用过程中如何确保资源使用的效率最大化，避免因资源价格过低而产生的资源过低消费现象，保证资源的合理使用和有效配置；另一方面，公平性是指在资源开发和使用过程中，如何实现当代人在不同空间范围内资源公平配置，以及在不同代际之间和不同时间范围内资源公平配置。

本书将资源税政策调整中的效率性和公平性问题具体归纳为资源税税负调整和保障机制，而资源税政策调整方案由资源税计税方式调整和保障机制两部分构成，本书研究的资源税政策调整方案的具体构成如图2－7所示。

在本书设计的资源税政策调整方案中，首先，通过变更资源税计税方式更加准确地反映出资源的价值，从而保证资源消费的合理性，提高资源使用的效率性；其次，通过保障机制确保资源税政策调整对社会经济和资源环境的负面影响降至最小。由于资源税计税方式和征收范围会导致资源税率的变化，为易于分析，本书将资源税政策税负调整的变化过程定义为资源税税率调整；同时将资源税政策调整的保障机制定义为资源补偿，通过资源补偿既可以扶持部分受影响较严重的利益相关者，保证社会生活正常秩序不受影响，又可以使资源得到有效补充和恢复，保证资源的可持续利用，保障不同代际之间资源使用的公平性。

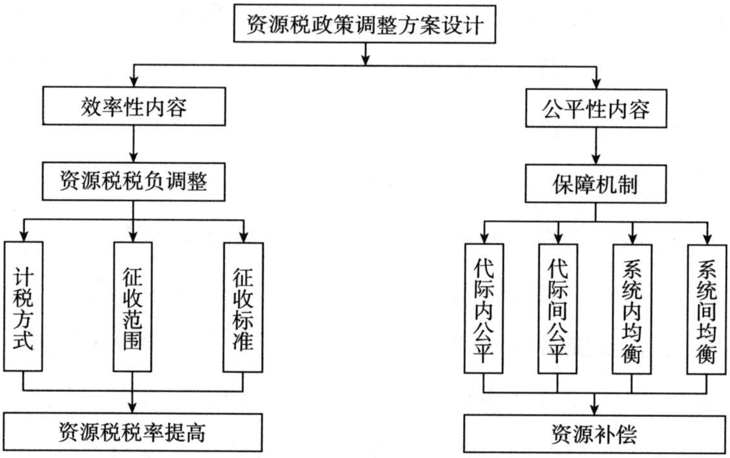

图 2－7　资源税政策调整方案设计

2.4.2　本书的研究思路

基于资源税政策调整目标分析和方案设计，本书提出资源税政策分析的原则，在此基础上提出“因素分析—模型构建—模拟分析和评价”的研究思路。

2.4.2.1　资源税政策分析的原则

资源税政策调整作为我国财税体系改革的重要组成部分，对其分析和评价必须遵循客观、准确、全面和公平等原则，具体包括以下内容：

第一，客观性原则。资源是社会经济发展的基础性生产要素之一，在进行资源税政策评价时，必须体现出资源税对社会经济、资源和环境的真实作用，客观地反映出资源税政策调整的影响，为决策者提供真实、客观的决策和参考依据，这也是本书对资源税政策模拟、分析和评价的目的所在。

第二，准确性原则。由于资源税和社会经济以及人们的生活息息相关，在分析资源税政策调整时，必须准确分析资源税对社会经济以及资源环境系统的影响程度，尤其是对人民生活水平的影响程度，这就要求在资源税分析时要尽可能地定量分析其影响程度，为决策提供参考。

第三，全面性原则。资源与社会经济和环境系统相互依存、相互联系，资源税改革涉及层面广、范围大、利益相关群体多，是我国税制改革中最困难、最复杂的部分，在分析资源税调整时，必须兼顾各方面利益，同时应将资源和环境系统纳入分析评价的过程中。

第四，公平性原则。资源配置关系到社会经济发展速度，同时也影响社会经济的可持续发展，应注意资源配置方案的合理性和公平性，通过资源税改革来实现资源与经济、环境的协调发展，同时又能有效促进资源的可持续利用，确保资源代际内和代际间的使用公平性。

2.4.2.2　本书的研究思路

基于资源税政策分析的基本原则，结合国内外研究现状和研究成果，本书提出基于均衡思想和可计算一般均衡理论的资源税政策研究框架，即“因素分析—模型构建—模拟分析和评价”，分析资源税政策调整的影响，本书的研究框架如图 2－8 所示。

本书的研究框架中包含以下内容：

第一，主体行为和相关因素分析。基于均衡思想，本书构建了资源配置世代交叠模型，通过对生产者、消费者和政府等不同主体跨期均衡分析，研究资源税政策调整过程中各主体的行为变化，同时探讨影响主体行为的因素之间的关系，并分析资源税政策最优时的关键因素。

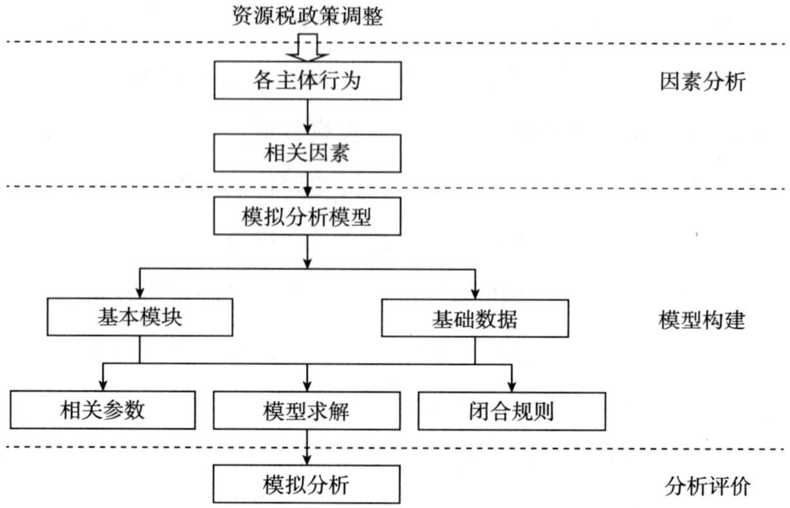

图 2－8　本书的研究框架

第二，资源税政策模拟分析模型构建。基于可计算一般均衡理论，在相关因素分析的基础上，本书构建资源税政策模拟分析模型。模型通过相关模块构建作为模型的逻辑框架；根据中国投入产出表编制社会核算矩阵，形成模型基础数据；在此基础上，确定模型所需的关键参数、闭合规则和求解方法，完成模型构建。

第三，模拟分析和评价。在资源税政策分析模型构建的基础上，本书重点研究资源税政策调整的影响，模拟分析资源税税率调整和资源补偿的影响程度；并根据模拟结果提出相关政策建议，为决策提供参考依据。

2.5　本章小结

本章首先分析了我国资源税政策调整时期和目前存在的不足，在相关理论基础上，分析资源税政策对社会、经济和环境等的影响，并探讨了资源税政策调整的作用机理；其次在此基础上，本书设计了资源税调整方案，并提出“因素分析—模型构建—模拟分析和评价”的研究思路，为下文构建基本的分析框架。

第 3 章

资源税改革中各主体行为分析

在早期的新古典增长模型中，经济增长由技术进步决定。随着内生经济增长理论的发展，越来越多的经济学家开始关注税收对经济增长的作用。在社会经济快速发展的过程中，伴随着资源的大量消耗，经济增长过度依赖于资源投入，政府不得不面对一个问题，即经济高速增长是否有足够的资源支持，同时经济增长能不能弥补资源消耗和环境污染的代价。要有效解决这一问题，必须从时间维度进行全面分析，资源作为社会经济发展的基础和推动力，如何有效、合理配置资源以满足社会经济可持续发展需要一直是学者们研究的重点。

1965 年，诺贝尔经济学奖获得者戴蒙德（Diamond）提出了世代交叠模型（Over Lapping Generations Models，OLG），分析资源的代际配置问题。1979 年，Kemp 和 Long 首次将自然资源引入 OLG 模型中，进行资源代际配置的均衡分析。本书在相关研究基础上，构建两期世代交叠模型分析资源代际配置的跨期均衡行为。本章将资源税引入两期世代交叠模型中，研究资源税政策调整中生产者和消费者的经济行为以及政府决策行为，分析和归纳相关因素，为第 4 章构建资源税政策模拟分析模型奠定基础。

3.1　资源配置跨期均衡的含义和原则

资源税政策调整实质是政府行使管理职能，以资源的可持续利用为目的，通过配置代际间的资源消费，实现资源代际间的公平配置。本书将跨期均衡的含义分为以下两方面内容：第一，经济系统内部的跨期均衡，即资源生产和消费的均衡，通过这一均衡实现社会经济体系中供给和需求关系平衡，达到经济系统内部的一般均衡；第二，系统之间的跨期均衡，即资源系统、经济系统和环境系统的均衡，这一均衡实现跨系统间的各种关系平衡，达到系统与系统之间的一般均衡。在系统内和系统间的关系均有效达到均衡状态时，实现资源配置的一般均衡，即资源配置的跨期均衡。

在资源代际配置的跨期均衡中，应遵循以下原则：

（1）代际公平原则。

代际公平是指通过开发和利用自然资源以满足自身利益、谋求生存与发展时，当代人和后代人拥有平等的权利。政府在进行资源配置时既要满足当代人的需求，又不对后代人满足其需求的能力构成危害。代际公平要求在资源消费时，必须妥善处理好当代人和后代人之间的资源使用关系。

（2）统筹兼顾原则。

统筹兼顾是资源配置的基本原则，也是跨期均衡的重要特点。资源消费的统筹兼顾是指在充分考虑不同类型、不同时间的资源消费情况，发挥政府宏观调控作用，保证重点行业和部门合理的资源需求，兼顾其他消费者的合理需求；保证当代人的合理需求，兼顾后代人的合理需求；保障经济系统的合理需求，兼顾资源、环境系统的合理需求，确保资源的合理使用。

（3）效率原则。

针对资源消费结构不合理和资源供需之间的矛盾突出现象，政府应从效率优先的角度出发，通过资源配置政策积极调控重要自然资源的供给和需求，将资源优先投入到产出比较高的生产过程中，资源产出效益越高，则资源的利用程度越高，所获得的经济效益就越明显。

（4）政府主导原则。

由于资源消费过程中存在外部性，资源配置过程中必须坚持政府主导。政府主导是指在资源配置中，必须以政府调控为主导，突出政府在资源配置中不可替代的作用，通过政府有效管制促进资源在代际间平等的使用。随着经济的快速发展，对资源的需求和依赖程度不断增加，资源的无序开发、过度消费，形成一系列社会问题，使经济、资源和环境之间的矛盾日益突出。为有效解决资源配置中的问题，政府必须从宏观层面调控资源配置，既有效缓解长期以来过度依赖资源投入的现象，促进经济集约化发展，又使资源消费的外部性内部化。

3.2　资源配置 OLG 模型构建

本章研究建立在戴维·罗默（Romer David）的两期世代交叠模型的基础上，将资源税引入世代交叠模型，分析资源税调整对生产者和消费者的经济行为影响，并分析影响政策调整的主要因素。本章描述了资源配置 OLG 模型的前提条件，在此基础上，引入反映消费者、生产者和政府的目标函数和约束条件，通过对各主体行为的均衡分析，探讨资源税政策调整的动态变化，突出资源税政策调整对生产和消费等经济行为的相关因素分析，并深入研究资源税政策调整最优化的关键因素。

3.2.1　模型构成

本书构建的资源配置世代交叠模型为两阶段模型，在第一阶段，即未进行资源税政策调整时，社会经济处于正常的增长路径上；在第二阶段，即实施资源税政策调整后，由于资源政策变化，生产者和消费者经济行为的演化路径将进行相应调整。为有效减少资源税政策调整对社会经济的负面影响，政府必须在第一阶段做相应准备。在这种情况下，如政府调整资源税政策，则第一阶段的准备可以完全弥补第二阶段产生的负面效应，此时形成政府政策效用跨期均衡的稳态。在政府资源税政策调整影响下，生产和消费逐步演化到新路径上，形成生产者和消费者跨期均衡稳态。模型两阶段结构如图 3 –1 所示。

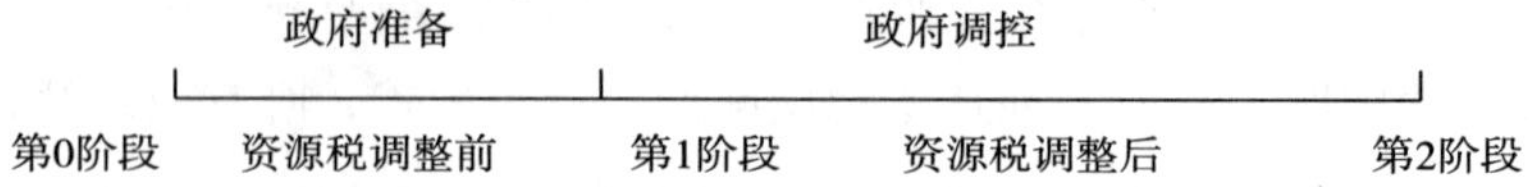

图 3 –1　模型两阶段结构

资源税政策调整后，生产者和消费者的效用会发生相应的变化，其经济行为也会调整，本书将效用定义为主体通过资源消费使自身需求得到的满足程度，其中，消费效用是消费者消费资源获得的满意程度；生产效用是生产者提供资源获取收入所取得的满意程度，政府效用指政府提供公共政策以追求社会福利最大化，从而获得的满意程度。

3.2.2　基本假设

本书通过生产函数和消费函数将供给和需求行为具体化，分析政府资源税政策的合理性和有效性，模型主要基于以下假设：

（1）模型由代表性消费者、生产者和最优规模的政府等主体构成，代表性消费者和生产者均服从于理性的“经济人”假设，以追求自身利益最大化为目标；最优规模的政府服从于中立的“道德人”假设，以追求社会福利最大化为目标。

（2）模型分为两阶段，在第一阶段，代表性消费者通过提供劳动获取收入，获取的收入部分用于消费，剩余部分用于储蓄；在第二阶段，消费资金来源于第一阶段的预算资金的储蓄和储蓄利息。消费预算资金为第一阶段和第二阶段消费资金贴现之和。

（3）在完全竞争市场下，生产者进行生产，且生产函数服从 Cobb – Douglas 函数，生产者主要受到内部生产要素和政府管制政策的约束。

（4）政府通过资源政策调整来优化和实现资源的代际配置，而政府的主要目标是保持经济稳定增长，同时追求社会福利最大化，协调资源、经济和环境系统发展。

3.2.3　各主体效用函数

模型将资源消费分为不同代际，且不同代际效用存在差异性。本书首先对消费者、生产者和政府的效用进行了定义，在此基础上，分析资源税政策调整中的经济行为和相关因素。

3.2.3.1　消费者效用函数

消费者效用受资源税政策调整影响，本书假设消费者面临两种情况，即第一阶段（资源税政策调整前）和第二阶段（资源税政策调整后）。在分散决策的消费均衡状态下，消费者效用和资源外部性作用相结合产生资源消费总效用。由于消费通常是在一定预算范围内变动，假设消费预算在一定期间内是固定不变的，在不考虑资源刚性需求的情况下，消费者可以自由选择第一阶段或第二阶段消费数量，通过对两阶段不同消费效用来决定消费时机和消费强度。

由于消费总效用受消费效用和约束条件的综合影响，可以得到以下方程：

（1）消费者总效用方程。

消费者效用 $U_s(s,\ p)$ 为两阶段效用贴现之和，总效用方程为：

$$U_s = U_{1t}(s_{1t},\ p_{1t}) + \frac{1}{1+\delta}U_{2t}(s_{2t},\ p_{2t},\ b) \tag{3-1}$$

其中，$U_{1t}(s_{1t},\ q_{1t})$ 为第一阶段消费效用，s_{1t}、p_{1t}表示第一阶段资源消费量和资源消费产生的外部性作用；$U_{2t}(s_{2t},\ p_{2t},\ b)$ 为第二阶段资源消费效用，s_{2t}、p_{2t}表示第二阶段资源消费量和资源消费产生的外部性作用，b 为在第二阶段因减少资源消费而获得的资源补偿；δ 为贴现系数，且 $\delta>0$，$U'_s>0$，$U''_s<0$。

消费者对一生的消费有软预算约束，消费者在第一阶段中提供无弹性的劳动，获得收入，他们将一部分收入用于资源消费，并将剩下的部分收入储存用于第二阶段消费。假设人口以速率 n 不断增长，则有 $L_t = L_0(1+n)^t$。假定在技术条件不变的情况下，资源消费和资本存量也会有相应速率 n 的增长。消费者通过效用函数进行决策，其决策行为也受到一定条件约束，下面本书将分析制约资源消费的主要条件。

（2）消费的主要约束条件。

在消费过程中，消费效用通常要受到资金预算、资源消费外部性等的约束，其约束方程包括预算约束方程、外部性约束方程。

消费资金预算是影响消费者的重要因素，本书根据 OLG 模型得到预算约束方程为：

$$S = s_{1t} + \frac{1}{1+i}s_{2t} \tag{3-2}$$

其中，S 为消费总预算金额，i 为同期的银行利率。

由于假设消费预算金额为固定不变的，则消费预算金额等于第一阶段消费金额与第二阶段消费金额贴现值之和。

同时，资源消费时产生的环境污染等负外部性也成为约束消费者行为的重要因素，可以得到外部性约束方程为：

$$E = \eta(S-b) \tag{3-3}$$

其中，E 为环境质量，η 为资源消费对环境系统的损耗系数，b 为因减少资源消费而获得的资源补偿金额。

在消费资金预算和外部性的双重约束下，消费者通过比较不同阶段的消费情况来选择最优化的消费决策。

3.2.3.2 生产者效用函数

假设在市场中存在同质的生产者，生产者效用为产品销售后所产生的净收益。本书构建生产者效用函数，在其他条件不变的情况下，生产要素配置情况和政府管制政策将成为影响生产的重要因素。

（1）生产者效用函数。

在生产均衡时，生产者的边际成本等于边际收益，且生产者的总收益为零。假设不存在增值税、所得税等相关税收，总产量为总收益（即价格为 1 单位），此时政府通过资源税政策来调节生产，可以得到生产者的效用函数为：

$$U_F = Y - w - rK - T \tag{3-4}$$

其中，U_F 为生产者的效用，Y 为生产函数，w 为劳动要素的成本，r 为资本要素的价格，K 为资本要素的总量，T 为资源税税负。

（2）主要约束条件。

在其他外部相关条件不变的情况下，影响生产的因素主要包括生产者内部生产要素的配置情况和政府资源税政策。人力资本和资金资本是生产者最重要的生产要素，本书选择 Cobb – Douglas 函数作为生产函数，其函数方程为：

$$Y = F(L, K) = AL^{\sigma}K^{1-\sigma} \tag{3-5}$$

其中，Y 为总产出，A 为技术水平系数，L 为人力资本投入，K 为资金投入，σ 为人力资本投入产出弹性，$1-\sigma$ 为资金投入产出弹性，且 $\sigma \in (0, 1)$。

政府管制对生产者行为的影响主要体现在资源税政策调整对生产的影响。

3.2.3.3　政府效用函数

在资源配置的政府行为研究中，Ono、Blanchard 和 Fisher 的研究给本书提供了很好的借鉴。Ono（1996）通过 OLG 模型分析环境税的作用，认为最优税收制度将有效内部化资源消耗的外部性，他们通过研究得出政府征收最优的环境税和实施有效的转移支付将使社会达到最优。Blanchard 和 Fisher（1989）认为，政府采用社会贴现率来实现不同代际间的资源公平配置。在政府效用界定时，本书采用生命周期假说，假设政府是一个有限期限的个体，同时政府的任期和期限是确定的，政府通过提供公共物品或者公共政策，保持社会经济稳定增长和提供社会福利。

（1）两阶段政府效用方程。

在政府的效用函数中，政策制定主要受政府偏好和任期的影响。令政府在本届任期内进行资源税政策调整的概率为π，在本届任期不进行资源税政策调整，而在以后任期政策调整概率为 $1-\pi$。

两阶段政府效用方程为：

$$U_g = \pi U_g(C) + (1-\pi)\delta\sum_{r=2}^{n} U_{gr}(C_r) \tag{3-6}$$

根据政府任期，以资源税政策调整进程为主导，可以分为以下两种情况。

情况一：政府本届任期不进行资源税政策调整，而在以后任期进行政策调整。

在这种情况下，本届任期内不进行资源税政策调整，而在以后任期进行资源税政策调整。令政府资源税政策调整的直接成本为 C_1，可得以下方程：

$$C_1 = T_1 + d_1 \tag{3-7}$$

其中，T_1 为该阶段未进行资源税政策调整而给政府造成的税收损失，d_1 为本届政府任期内未及时进行资源税政策调整而造成的社会资源浪费及其由此形成的负面声誉带来的潜在损失。

由于政府在以后任期内实施资源税政策调整，令在以后的任期内政府资源税政策调整的直接成本为 C_r，可以得到以下方程：

$$C_r = \alpha G_r + d_r + C_1 - T_r \tag{3-8}$$

其中，α 为资源税政策调整对总产出的影响系数，$\alpha \in (0, 1)$；G_r 为资源税政策调整后的总产出，这里 d_r 表示在以后任期进行资源税政策调整的代价。

可以得到在整个任期内政府的政策总效用为：

$$U_g = U_{g1}(C_1) + \delta U_{gr}(C_r) = U_{g1}(+ d_1) + \delta U_{gr}(\alpha G_r + d_r + C_1 - T_2) \tag{3-9}$$

情况二：政府在本届任期内进行资源税政策调整。

在该情况下，政府选择在本届任期内进行资源税政策调整，得到成本方程为：

$$C = \alpha G + d \tag{3-10}$$

可以得到政府总效用方程为：

$$U_g(C) = U_g(\alpha G + d) \tag{3-11}$$

综合情况一和情况二，可以将政府总效用方程转化为：

$$
\begin{aligned}
U_g &= \pi U_g + (1-\pi)\delta\sum_{r=2}^{n} U_{gr} \\
&= \pi U_g(\alpha G + d) + (1-\pi)[U_{g1}(T_1 + d_1) + \delta U_{gr}(\alpha G_r + d_r + C_1 - T_2)]
\end{aligned}
\tag{3-12}
$$

在选择政府的风险类型时，本书采用常数绝对风险厌恶（CARA）函数，其方程为：

$$U(c) = 1 - e^{-\varphi C} \tag{3-13}$$

其中，φ 为绝对风险厌恶系数，$\varphi > 0$，且 $U' > 0$，$U'' < 0$。

对 C 求导，可得：

$$U' = -\varphi e^{\varphi C} \tag{3-14}$$

（2）主要约束条件。

与个体在消费决策时要考虑收入和消费情况类似，在进行资源税政策调整时，政府也要统筹各方面因素，其中影响政府决策最重要的因素主要包括政府财政风险和政府声誉等。政府决策行为的约束条件为：

$$H = U(f,\ R) \tag{3-15}$$

其中，H 为政府决策行为约束函数，f 为政府财政风险，R 为政府声誉，政府决策行为受财政风险和政府声誉因素的综合影响。

3.3　基于资源配置 OLG 模型的各主体行为分析

市场均衡是指在政府政策调控下，市场主体的行为达到的一种稳定状态。当调控政策发生变化时，原有的市场均衡状态被打破，并逐步从非均衡状态向均衡状态过渡，最终收敛于新的稳态均衡点。

3.3.1 消费者和生产者行为分析

3.3.1.1 消费者行为分析

在分析资源消费效用函数的基础上，消费者通过方程（3－1）可以得到跨期消费活动的最优化决策，而这种最优化决策必须受到预算约束方程（3－2）和资源约束方程（3－3）的限制。此时跨期消费的最优化方程为：

$$\mathrm{Max}U_s(s, q)=\mathrm{Max}\{U_{1t}(s_{1t}, q_{1t})+\frac{1}{1+\delta}U_{2t}(s_{2t}, q_{2t}, b)\} \quad (3-16)$$

$$\text{s. t.}\begin{cases}S=s_{1t}+\dfrac{1}{1+i}s_{2t}\\ E=\eta(S-b)\end{cases}$$

根据上述目标函数和约束条件，建立拉格朗日函数：

$$U_s=U_{1t}(s_{1t}, q_{1t})+\frac{1}{1+\delta}U_{2t}(s_{2t}, q_{2t}, b)-\lambda_{1t}\left(s_{1t}+\frac{1}{1+i}s_{2t}\right)-\lambda_{2t}\eta(S-b) \quad (3-17)$$

分别对 s_{1t} 和 s_{2t} 求导，并令一阶导数为零，可以得到以下方程：

$$\begin{cases}U'_{1t}(s_{1t}, q_{1t})=\lambda_{1t}+\lambda_{2t}\eta\\ U'_{2t}(s_{2t}, q_{2t}, b)=\dfrac{1+\delta}{1+i}(\lambda_{1t}+\lambda_{2t}\eta)\end{cases} \quad (3-18)$$

整理得到资源消费的最优化条件为：

$$\frac{U'_{2t}(s_{2t}, q_{2t}, b)}{U'_{1t}(s_{1t}, q_{1t})}=\frac{1+\delta}{1+i} \quad (3-19)$$

因此，两阶段最优化消费情况下，主要的影响因素为 δ 和 i，即对未来的预期和银行利率；而资源消耗时产生的外部性不会对消费者产生影响，这里的消费者行为分析和“公地的悲剧”原理基本一致。

根据消费者函数和约束条件，可以得到消费者跨期均衡曲线和均衡点。

在图 3－2 中，跨期均衡的条件为 $\frac{U'_2}{U'_1}=\frac{1+\delta}{1+i}$，根据均衡条件和效用方程可

以得出跨期消费的均衡点位于（s'_1，s'_2）。

当 δ 变化时，即消费者的未来预期贴现率发生变化，效用曲线随之改变，在约束条件不变的情况下，δ 变化使第二阶段消费效用也发生变化，如图 3－2 所示。当 δ 增加时，效用曲线下移，消费者对第二阶段消费的预期贴现值增加，即第二阶段消费会带来更多的效用，此时消费者会减少第一阶段的消费，而增加第二阶段的消费，均衡点由（s'_1，s'_2）右移到（s_1，s_2）；反之效用曲线上移，会增加第一阶段的消费，而减少第二阶段的消费，均衡点由（s'_1，s'_2）左移到（s''_1，s''_2）。

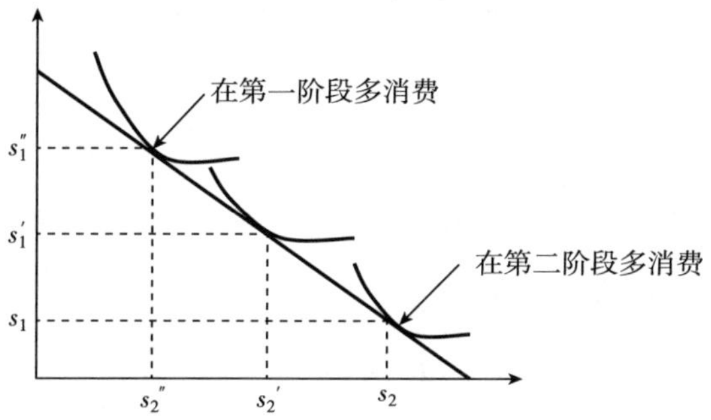

图 3－2　跨期消费均衡一

当 i 变化时，会对消费预算产生影响。由于 i 和消费效用呈反向关系，在消费总效用不变的情况下，当 i 增加时，使资源总预算变小，约束线斜率变大，约束线由 L_1 变化到 L_2，则均衡点由（s'_1，s'_2）移动到（s''_1，s''_2），如图 3－3 所示。由于 i 增加，使消费者第二阶段的预计效用减少，因而会增加第一阶段的消费；反之，当 i 减少时，则会增加第二阶段的消费。

3.3.1.2　生产者行为分析

在生产效用函数分析的基础上，生产者通过目标函数，可以得到跨期生产的最优化。在约束方程的基础上，得到生产的利润最大化方程：

$$\mathrm{Max}U_F = \mathrm{Max}[Y(q) - w - f'(l, k)K - T] \quad (3-20)$$

s. t. $Y = AL^{\sigma}K^{1-\sigma}$

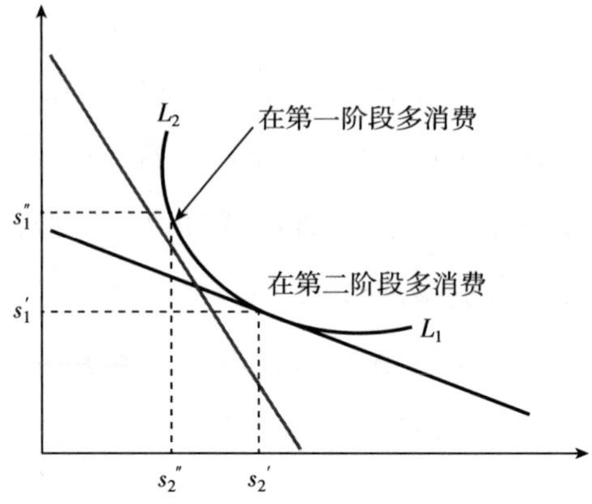

图 3-3　跨期消费均衡二

可以得到：

$$\text{Max}U_F = \text{Max}[AL^{\sigma}K^{1-\sigma} - w - rK - T] \tag{3-21}$$

对 K 求导并令其为零，可以得到：

$$r = (1-\sigma)AL^{\sigma}K^{-\sigma}，\text{即 } r = f'_k(l, k) \tag{3-22}$$

将方程（3-23）代入方程（3-22）可以得到：

$$U_F = Y(q) - w - f'_k(l, k)K - T = f(k) - w - f'_k(l, k)K - T \tag{3-23}$$

均衡状态时，生产者的总利润为零，令方程（3-23）为零可以得到：

$$w = f(l, k) - f'_k(l, k)K - T \tag{3-24}$$

对于生产者而言，垄断竞争的均衡条件为边际成本等于边际收益，生产者的总利润为零；此时，其生产要素边际产量等于生产要素成本，其中劳动要素的边际产量等于劳动者工资，资本要素的边际产量等于利率，生产者处于均衡状态。

3.3.1.3　资源税政策调整对经济增长稳定性影响

资源税政策调整后，能否最低程度地减少负面冲击，使经济稳定增长，是资源税政策调整的基本前提。索罗（1956）提出了经济增长的稳定性的概念，他指出经济稳定增长意味着人均产出增长具有稳定性，这时人均资本的增长速度大致相同，此时，经济中各变量都能保持增长的稳定状态。均衡的稳定性描述了系统内各变量保持均匀增长的状态，在本书中，均衡稳定性是指在该均衡状态点时，各变量的增长率为零，即各变量保持匀速状态。资源税政策调整后，单位消费的生产增长率不变，即人均指标稳定不变，社会经济系统达到稳定均衡状态。

对于市场而言，市场稳定均衡要求产品的需求等于供给，即达到产品市场出清的要求。此时存在以下关系：

$$s_{1t} + \frac{1}{(1+i)} s_{2t} = w + (1+r)K$$

即　$K = S(w, r) - f(l, k) + T$　(3-25)

方程左边为净消费，为第一阶段和第二阶段消费预算之和；方程右边为净产出，通过劳动成本、资金成本等因素体现。

两边同时除以人口增长函数，可以得到以下方程：

$$k = \frac{S(w, r) - f(l, k) + T}{1 + n} \quad (3-26)$$

由于方程的一阶导数为正值，二阶导数为负值，则可以得出资本曲线为递增的凸曲线，如图 3-4 所示。

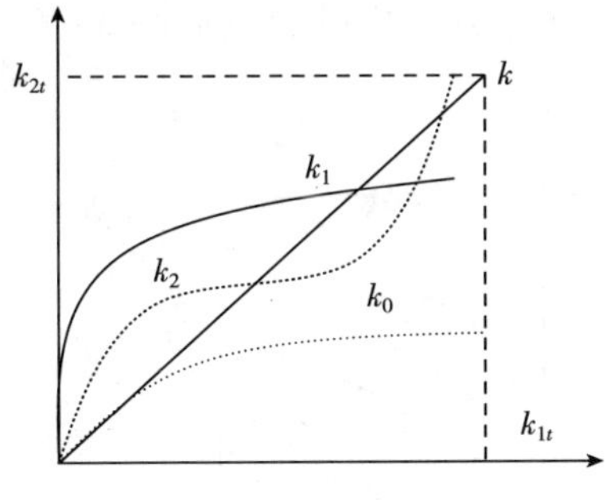

图 3-4　资本动态变化过程

图 3-4 描述了资本的三种运动轨迹，当 $k^* = k_{2t} = k_{1t}$ 时，为资本的稳定均

衡状态，在 k_0 曲线上，k_0 和 k 没有交点，即资本没有处于稳定状态，不存在均衡点；在 k_1 曲线上，k_1 和 k 只有一个交点，即资本存在唯一的均衡点；在 k_2 曲线上，k_2 和 k 只有两个交点，即资本存在多个均衡点。

当资本曲线斜率处于（0，1），即 $0<\frac{dk_{t+1}}{dk_t}<1$ 时，存在唯一的稳定均衡点。经济系统从 A 点出发，逐步收敛于稳态均衡点，如图 3－5 所示。

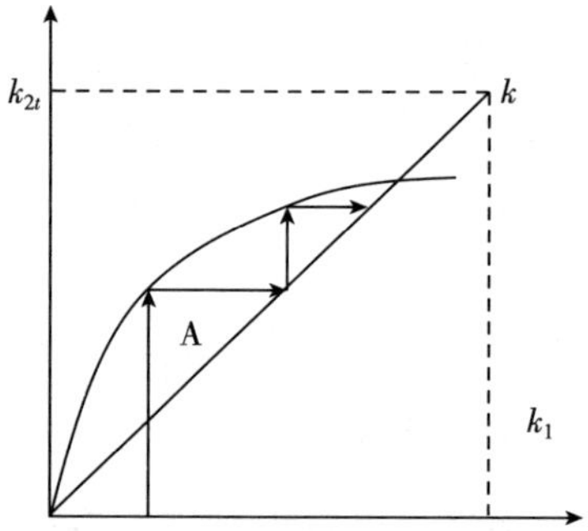

图 3－5　资本稳态均衡点

当人口增速、劳动、资本积累等变量发生变化时，稳态均衡点也会发生相应变化。当 n 逐渐降低时，资本路径会向上移动，使稳态均衡点上移，产生新的稳态均衡值。人口增速 n 上升产生的影响如图 3－6 所示。

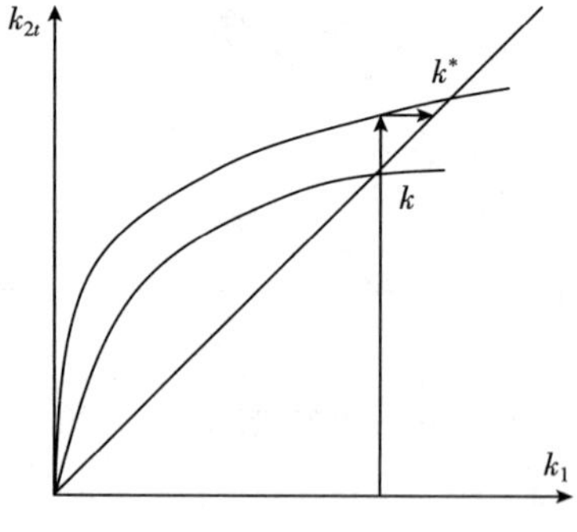

图 3－6　人口增速上升的影响

人口增速降低带动资本—劳动比率增加，使生产函数中的资本要素比率增加，进而拉动资本曲线上升，最终稳态均衡值由原先的 k 上升至 k^*。资源税政策调整将使生产要素的内部结构发生变化，人力资本比重上升，劳动价格相对下降，同时资本积累也相对下降。人力资本比重上升的主要原因在于实施资源税将使人力资本投入产出弹性增加，使人力资本作用增加，但增加人力资本投入将会导致劳动价格的降低，同时资本积累也会相对下降。同理可以得出其他变量变化对稳态均衡值的影响。

3.3.2 政府行为分析

长期以来，政府都是作为公正的中立方出现，但实践证明，政府也存在“经济人”的一面，在追求社会福利最大化的同时，也追求如声誉、最小财政风险等方面的目标。在研究政府资源税政策调整决策时机时，本书通过政府效用函数来分析政府决策行为。

本书引入拉格朗日函数来求解存在财政风险硬约束和政府声誉条件下的政府效用最大化问题。构建的拉格朗日函数如下：

$$G = U + \lambda H \tag{3-27}$$

根据政府效用的方程，拉格朗日函数为：

$$U_G = \pi U_g(\alpha G + d) + (1-\pi)[U_{g1}(G_1 - d_1) + \delta U_{gr}(\alpha G_r + d_r + C_1)] + \lambda U(f, R) \tag{3-28}$$

其中，U_G 为存在财政风险和声誉下的政府效用，λ 为拉格朗日因子。

将方程求导得：

$$U'_G = \pi U'_g(\alpha G + d) + (1-\pi)[U'_{g1}(G_1 - d_1) + \delta U'_{gr}(\alpha G_r + d_r + C_1)] + \lambda U'(f, R) \tag{3-29}$$

令 $U'_G = 0$，整理得到：

$$\pi U'_g(\alpha G + d) = -(1-\pi)[U'_{g1}(G_1 - d_1) + \delta U'_{gr}(\alpha G_r + d_r + C_1)] - \lambda U'(f, R) \tag{3-30}$$

当 $U_g = U_{g1} = \delta U_{g2}$ 时，U 为均衡值，此时政府效用处于均衡状态，即政府进行资源税政策调整处于跨期均衡稳态。

整理后得到政府资源税改革决策的均衡点 k 位置为：

$$U' = \frac{\pi \varphi e^{-\varphi(\alpha G + d)} + (1 - \pi)[\varphi e^{-\varphi(G_1 - d_1)} + \delta \varphi e^{-\varphi(\alpha G_r + d_r + C_1)}]}{\lambda} \tag{3-31}$$

由于 $U' > 0$，$U'' < 0$，可以得到政府效用曲线为随时间递增的凹曲线，稳态均衡点 k 位于政府效用曲线与政府约束线相交之处，资源税政策调整的演化轨迹收敛于稳态均衡值处，演化过程如图 3-7 所示。

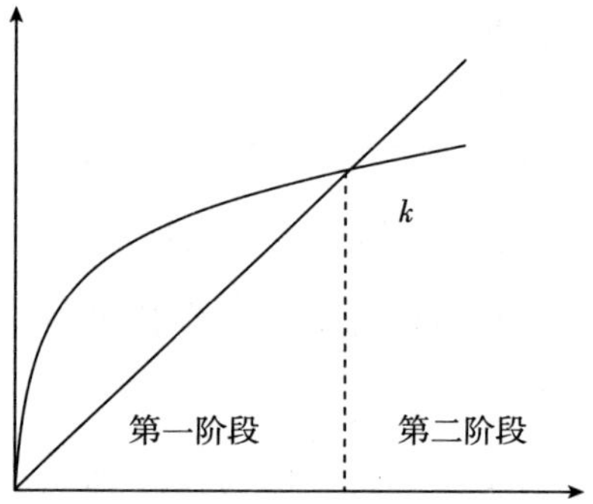

图 3-7　政府决策均衡点

由于本书假设政府为绝对风险厌恶类型，当政府财政风险和声誉综合约束达到稳态均衡时，政府资源税政策调整决策行为演化收敛于均衡点 k，即政府进行资源税政策调整，此时政府决策处于跨期均衡的稳定状态。

3.4　资源税政策调整的相关因素分析

3.4.1　资源税政策调整最优化时的因素分析

资源税政策最优化分析方面，本书借鉴 Ono 在 1996 年的方法，要求最优管制必须满足经济、资源和环境系统稳定的条件，即政府实施管制后经济、资源和环境系统质量至少要高于管制前的质量，此时的资源税政策调整存在“帕累托”改进，即政府管制是有效的，能够增加社会福利。

在 3.3.1 节中，分析得出在经济系统达到均衡状态时，均衡函数为：$Y = w + (1+r)k$；环境系统变化的函数为：$E = (1+\alpha)E_{1t} + \eta(S-b)$，在环境系统达到均衡状态时，存在以下关系：$E = E_{1t} = E_{2t}$，此时环境系统的均衡函数为：$E = \frac{\eta(b-S)}{\alpha}$；消费者预算约束函数为：$S = s_{1t} + \frac{1}{1+i}s_{2t}$。本书通过两阶段单位人均拥有的资源来描述资源系统均衡，在资源系统达到均衡状态时，存在以下关系：$s_{1t} = (1+n)^{-1}s_{2t}$，则可以得到第一阶段资源消费和资源总消费的比例为：$\frac{s_{1t}}{S} = \frac{(1+i)}{(1+i)(1+n)+1}$。

在政府决策时必须考虑经济、环境和资源系统，使政策调整效果达到最优化。

最优管制要求：

$$\text{Max}\ (Y,\ Q,\ E) \tag{3-32}$$

$$\text{s. t.}\begin{cases} w = f(l,\ k) - f'_k(l,\ k)K - T \\ \frac{s_{1t}}{S} = \frac{(1+i)}{(1+i)\ (1+n)\ +1} \\ E = \eta(S-b) \end{cases}$$

在经济系统中，可以得到 $T = f(l,\ k) - f'_k(l,\ k)K - w$，由于 $f'_k(l,\ k) = (1-\sigma)AL^{\sigma}K^{-\sigma}$，代入方程可以得到经济系统均衡时的资源税：$T = \sigma Y - w$。

在环境系统中，存在 $E = \eta(1+n)s_{1t}$，同时也有 $E = \eta(S-b)$，将资源系统均衡方程代入其中，整理可以得到：$b = \eta\frac{1}{(1+i)}s_{1t}$。

综上所述，资源税政策调整最优化时可以得到：

$$\begin{cases} T = \sigma Y - w \\ b = \eta\frac{1}{(1+i)}s_{1t} \end{cases} \tag{3-33}$$

通过资源税税负调整和资源补偿两个关键因素，政府对资源税政策进行调整，使社会经济、环境和资源等系统达到均衡状态。

在资源税税负最优化分析时，可以得到相关因素包括人力资本投入产出弹性（σ）、总产出（Y）和劳动要素的成本（w）；而在资源补偿最优化分析时，可以得到相关因素包括资源消费对环境系统的损耗系数（η），资源税调整前的资源消费量（s_{1t}）和银行利率（i）。

3.4.2 资源税政策调整中各因素均衡关系分析

通过对生产者、消费者和政府行为的分析可以看出，影响消费者和生产者效用最优化的因素主要是社会经济因素，而资源税政策调整最优化时涉及社会经济、资源和环境等因素。因此，在分析资源税政策调整影响时，必须将各种因素纳入整体中进行考虑。

3.4.2.1 资源税政策调整中的经济因素

本书在描述生产者和消费者函数时界定了生产者和消费者利润最大化的行为。在社会经济方面，存在生产和消费以及供给和需求关系的均衡。

（1）资源税政策调整中生产者的均衡关系。

生产者在生产函数和约束条件下实现生产者利润最大化，生产过程中涉及的因素包括生产者效用函数、生产函数和资源税政策等。生产者通过投入和产出之间的均衡关系，追求利润最大化和成本最小化；同时内部条件和资源税政策等受约束条件制约，各种影响要素相互联系，相互作用，通过边际成本和边际收益的比较，使生产者达到最佳的生产状态，即资源税政策调整中生产者的均衡。

（2）资源税政策调整中消费者的均衡关系。

消费者在效用函数和预算约束下选择商品和要素的最佳组合以实现消费者效用最大化，消费者在消费过程中涉及的因素包括消费者效用函数、预算函数和外部性约束函数。在产品价格既定的条件下，消费者通过包含预算和环境约束条件的收入函数来选择一定数量的产品，以达到最大的消费效用，此时被称为“消费者均衡”，即消费市场的均衡关系。

（3）经济系统中各因素的均衡关系。

在生产和消费市场里，通常采用商品需求、要素需求、厂商供给和要素供给来实现均衡，即在经济系统内，通过生产和消费的均衡以及供给和需求的均衡反映一般均衡的存在性。消费者在既定价格下提供自己所拥有的要素，并在预算约束下购买产品来实现自己的消费效用最大化；生产者既定价格决定其产量和对投入的需求来实现其利润的最大化；而同时产品市场和要素投入市场会在价格体系作用下达到总供给与总需求的均衡，实现经济系统内的均衡状态。

但同时必须看到，无论是消费者还是生产者都不会受资源消耗外部性的影响，此时处于市场失灵状态，要解决市场自身无法均衡的问题，必须发挥政府主导作用。政府通过资源税政策调整来实现经济系统、资源系统和环境系统的均衡，而影响政府决策因素包括财政风险、政府声誉以及资源税调整成本和收益等，这些因素共同作用于资源税政策，同时体现在对资源和环境系统中各因素的相互影响上。

3.4.2.2　资源税政策调整中资源和环境系统的均衡关系

（1）资源系统中的均衡关系。

在资源系统里，影响因素相互作用形成不同层次和形式的均衡。在资源税政策调整中，影响资源系统的因素主要包括资源使用成本、资源补偿、资源配置比例和资源分配形式等。这些因素分别体现在资源生产、使用和补偿等不同环节，在资源开发和补偿中，存在资源投入和资源补偿之间的均衡。在资源代际间配置上，存在当代人和后代人之间资源代际配置的均衡；在资源区域分配上，存在不同地区之间资源配置和使用的均衡。而这些均衡相关联系形成资源系统的均衡状态，资源税政策调整会使资源系统发展变化，从原均衡状态转移到新的均衡状态，使资源系统达到均衡状态。

（2）环境系统中的均衡关系。

在环境系统影响因素方面，涉及的因素主要包括资源消耗外部性、环境恢复、环境治理成本、环境治理收益、环境污染治理投入和环境治理产出等。这些因素分别构成资源消耗外部性和环境恢复之间的均衡，环境治理成本和环境治理收益之间的均衡，以及环境污染治理投入和环境治理产出之间的均衡。这些因素相互交叉、彼此联系，构成环境系统的均衡状态。

（3）资源税政策模拟分析方法选择：可计算一般均衡分析方法。

各系统内局部均衡虽然可以解决一部分资源税政策分析的问题，但这种局部均衡割裂了社会经济、资源与环境系统的内部联系，在研究资源税政策调整冲击时，其分析结果往往难以令人满意。因此，分析资源税政策调整的影响时，必须选择可计算一般均衡理论的研究思路，通过构建包含社会、经济和资源等系统影响因素的可计算一般均衡模型分析来反映资源税政策调整对社会经济、资源和环境影响的全貌。

3.5 本章小结

本章构建资源配置 OLG 模型，深入分析资源税政策调整中的经济行为和相关因素，通过分析得出以下结论：

（1）消费者行为主要受利率和未来贴现率影响。在不考虑刚性消费的基础上，消费者根据对未来的预期和利率变化情况综合决定资源消费，分析表明，消费者对未来的资源消费取决于生产和价格的变化预期。如果预期乐观，消费者会减少第一阶段消费，增加第二阶段消费；反之，则会减少第二阶段消费。

（2）生产者行为主要受内部要素和政府外部政策调控影响。政府资源税政策调整影响了生产的积极性。由于我国生产者税负转嫁能力较强，且资源消费刚性需求较大，资源税增加消费者的使用成本，抑制部分消费，但会提高生产者的积极性，增加供给，使长期以来的供需矛盾有所缓解。

（3）市场经济难以有效解决资源消费的外部性问题。外部性理论早已证明在社会成本高于私人成本时，市场会出现失灵。在资源消费和生产的市场中，生产者和消费者都不会考虑资源消费外部性，导致市场机制失灵，此时政府应发挥积极作用，适时调整资源税政策。

（4）资源税政策调整涉及因素众多。在资源税政策调整中，关键因素在于资源税税率调整和资源补偿，而资源税政策调整涉及社会经济、资源和环境系统等众多因素，且社会经济、资源和环境系统存在均衡状态，为有效分析资源税政策调整的影响，必须选择在一般均衡框架中进行分析和研究。

第 4 章

基于 CGE 理论的资源税改革分析模型构建

第 3 章分析了资源税政策调整中经济行为和影响因素。在此基础上，为进一步深入分析资源税政策调整对社会经济、资源及环境带来的影响，本书基于可计算一般均衡理论构建资源税政策模拟分析模型。

4.1　资源税政策模拟分析模型构建思路

4.1.1　模型构建的基本思路

4.1.1.1　资源税政策模拟分析模型的构建思路

传统的可计算一般均衡模型（即 CGE 模型），研究多集中在经济系统的主体行为描述。虽然现在越来越多的学者将 CGE 模型运用于税收、环境等非经济方面的研究，但将 CGE 模型运用到资源政策方面的研究仍相对较少。目前学术界关于资源与环境政策研究主要有两种思路：第一种思路，在研究环境政策变化的影响时，将资源系统纳入 CGE 模型中，从污染治理和收费等的环境政策因素变化出发，研究资源系统的影响情况，如国内学者高颖（2007，2008）；第二种思路，将资源与经济、环境形成一个综合的分析框架，再对相关账户扩展进行核算分析，在整体框架下对资源政策进行研究，如雷明

（2007）。

本章沿着第二种思路进行研究，在社会经济、资源和环境的整体框架下，通过对传统 CGE 模型进行改造，扩展资源模块和环境模块；并在整体框架分析的基础上，突出资源税政策调整对不同主体和账户的影响，研究资源税政策调整对社会经济、资源和环境等系统的影响。

4.1.1.2　资源税政策模拟分析模型的分析范式

本书构建的资源税政策模拟分析模型建立在相关研究成果的基础上。中国社会科学院数量经济技术研究所分析了中国税制改革的一般均衡效用问题，研究 CO_2 减排成本和经济政策的选择（郑玉歆，1999），同时研究碳税对中国经济的影响（贺菊煌等，2002）；哈佛大学构建了 2000 年中国社会核算矩阵（SAM），认为在税收中性的条件下，如碳税、燃料税等资源环境税种设置合理可以达到政府和社会的双赢（Cao，2007）；中国社会科学院数量经济技术研究与澳大利亚莫纳什大学政策研究中心（1999）合作构建了中国可计算一般均衡模型（PRCGEM 模型），对中国环境政策进行模拟，并分析和解析了中国环境政策的含义和影响；国务院发展研究中心（2004）构建可计算一般均衡模型（DRCCGE 模型），进行多部门中长期的政策分析。PRCGEM 模型和 DRCCGE 模型是我国运用 CGE 模型分析政策的开拓性成果体现。

本书按照“模型构架—数据基础—闭合规则—模型模拟—结果分析”的分析范式，构建资源税政策模拟分析模型。第一步，对模型构架进行分析，结合资源税政策调整方案和相关因素，模型突出对资源和环境的扩展，通过资源补偿恢复、资源投入产出、污染投入和污染治理等因素，将资源生产、消费、恢复和治理纳入同一框架中，形成模型的主体结构；第二步，分析模型所需要的基础数据，将资源和环境相关信息纳入社会核算矩阵，形成模型基础数据；第三步，选择模型的闭合规则、参数和求解方法，完成模型构建；第四步，对模型进行模拟，在基准场景和模型及其模式设定的基础上，对模型进行模拟，并输出结果；第五步，对结果进行分析，并提出相关政策建议。

4.1.2　模型的基本假设

根据可计算一般均衡模型的要求，结合我国资源税政策调整趋势和影响因素，本书将资源税政策模拟分析模型建立在以下基本假设基础上：

（1）资源税政策模拟分析模型是一个比较静态模型，包括社会经济、资源和环境等系统。

（2）模型由基本模块（生产模块、需求模块、价格模块、进出口模块和收入支出模块）、资源模块、环境模块和均衡模块等组成。

（3）模型中存在政府、部门和居民三类主体，包含八个生产部门、一个环境污染治理主体和一个代表性资源消费者，其中生产部门包括农业、工业、建筑业、交通运输业、能源生产加工业、服务业、邮电业和体育卫生行业。

（4）代表性资源消费者在自身预算约束下选择最佳的消费组合和消费数量，所有的消费行为都为价格的接受者，以追求自身效用最大化为目标。

（5）生产和投资都为内生变量，生产要素包括劳动、资本和资源等，生产过程中的中间投入也作为生产要素的一部分；投资的最终体现为产品，生产规模相对不变，产品市场为完全竞争市场。资源税为外生变量，政府通过资源税政策变化来调整资源价格，从而调节资源消费的数量、结构和类型，影响资源、经济和环境系统。

（6）各主体在资源的生产和消费过程中会产生污染物，本书将主要污染物定义为“三废”，即废水、废气和工业固体废弃物；环境污染治理主体提供环境污染治理服务，而环境治理污染的投入为主要污染治理费以及污染处罚收入。

（7）各经济主体都为理性的“经济人”，其行为方式和标准都为理性的，参与主体的行为准则包括以下几个方面：生产者通常以成本最小化和利润最大化为准则；消费者以成本最小化和消费效用最大化为行为准则；政府作为“中立者”，以追求社会福利最大化为目标。

（8）信息是影响生产者和消费者进行决策的重要因素，政府通过资源税政策调整传递相关信息，各主体根据资源税政策调整所传递的信息，结合自身情况，决定消费和生产。

4.1.3 模型的构建步骤

在 CGE 模型构建中，一般认为包括五个步骤，如 Munk（2003）认为，五个步骤分别为问题定义、模型构建、基础数据组织、模型程序创建和政策模拟。本书在归纳前人研究成果的基础上，在资源税政策模拟分析矩阵中增加了运行程序设计和选择（Design and Choose of Program）步骤，通过程序比较增加资源税政策调整模拟结果的合理性和准确性。

资源税政策模拟分析模型构建包括以下几个步骤：

（1）定义模型研究的主要问题。本书在第 2 章设计了资源税政策调整方案，在此基础上对相关方案进行模型化设计，使资源税政策和其他税种（如增值税、所得税等）有效区分。

（2）分析模型包含部门和模型特点。结合相关领域的可计算一般均衡模型的构建成果和经验，来描述模型包含部门和模型特点。

（3）根据关键内容定义相关模块。构建资源税政策模拟分析模型的基本模型，主要包括理论模型的构建，以及基于理论模型的参数、方程模型定义模块中的相关函数。

（4）选择模型所需要的基础数据。根据模型的相关模块要求，选择和编制模型的基础数据，即编制相关社会核算矩阵。

（5）选择模型相关模拟程序并对结构校准。针对资源税政策分析模型的特点和要求，选择本书要使用的计算程序。在此基础上，运行选择的计算程序来模拟分析，并对模拟结果进行校准，以确保资源税政策效应的模拟结果的稳健性。

（6）对资源税政策调整的模拟结果进行具体分析和解释，并形成最终的资源税政策模拟分析模型分析结果；根据模拟分析结果提出相关政策建议。

其中，第（1）步到第（5）步将在第 4 章完成，第（6）步模拟和分析将在第 5 章完成。

资源税政策模拟分析模型构建的主要步骤如图 4－1 所示。

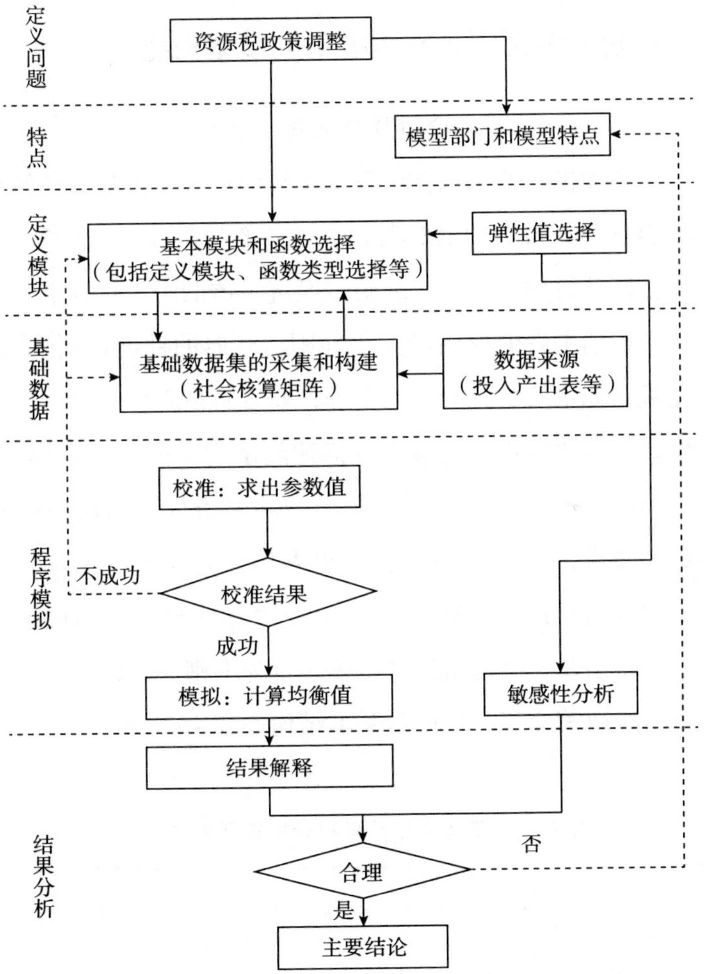

图 4－1　资源税政策模拟分析模型构建步骤

4.2 资源税政策模拟分析模型的结构和特点

4.2.1 包含资源模块和环境模块的模型构建

4.2.1.1 资源税政策模拟分析模型的基本结构

可计算一般均衡模型通常包含以下基本结构：①模型参与的经济主体，一般由生产者、消费者（典型的消费者有居民、部门、政府和世界其他地区等）组成；②经济主体的行为及其行为准则，经济主体的经典行为准则有生产者的利润最大化准则、消费者的效用最大化准则、政府的社会福利最大化准则等；③模型中的变量，如价格、工资、汇率等，通过变量来反映决策产生的经济后果和影响程度；④模块方程，通过方程描述经济主体的决策过程和影响因素，确定模型运行的过程和市场结构；⑤模型的均衡条件，指模型均衡存在的条件。从总体结构来看，CGE 模型包含三组方程，分别为供给方面、需求方面和供求关系方面（徐滇庆，1992）。本书在综合前人研究的基础上，认为资源税政策模拟分析模型基本结构由经济主体、行为准则、变量、模块方程和均衡状态构成，资源税政策模拟分析模型基本结构如表 4－1 所示。

表 4－1 资源税政策模拟分析模型基本结构

项目	供给	需求	均衡
经济主体	生产者 （依赖资源的各部门）	消费者 （居民、部门和政府等）	供需均衡
行为准则	成本最小化、利润最大化	费用最小化、效应最大化	
变量	成本、价格等	价格、工资、利润、财政收入等	价格均衡

续表

项目	供给	需求	均衡
模块方程	生产函数	供给函数	生产均衡
	消费函数	需求函数	需求均衡
	居民收入	居民支出	居民收支均衡
	生产要素的需求	产品需求	政府收支均衡
	进口	出口	进出口均衡
	资源生产	资源恢复	资源均衡
	环境治理	环境污染	环境均衡
均衡状态	局部均衡		一般均衡

为使资源税政策模拟分析模型的基本结构更易于分析，本书以模块为单元，介绍资源税政策模拟分析模型中的经济主体、行为准则、变量、模块方程和均衡状态。资源税政策模拟分析模型通过各模块之间相互关系，形成静态资源税政策模拟分析模型结构，并在此基础上进行模型动态化。模型包含五类部门共 42 个产业部门（见表 4－2）、三类生产要素投入（劳动、资本和资源）和三类经济主体（居民、部门和政府）。资源税政策模拟分析模型同时考虑了三类活动（生产活动、资源恢复和环境污染治理），对资源、环境的消耗和恢复等情况进行扩展，同时兼顾进出口和收入支出等情况。

资源税政策模拟分析模型融合了 PRCGEM 模型和 DRCCGE 模型的主要结构，并根据资源和环境系统的特点，对传统 CGE 模型模块进行扩展，建立了主要模块结构和方程体系。资源税政策模拟分析模型主要包括生产模块、消费模块、价格模块、进出口模块、收入支出模块、资源模块、环境模块和均衡模块。资源税政策模拟分析模型的基本结构如图 4－3 所示。

资源税政策模拟分析模型构建了社会核算矩阵作为模型核算的数据基础，其基础数据主要来自《中国投入产出表》，部分数据来自《国民经济和社会发展统计公报》和其他相关报告。

表 4－2　资源税政策调整影响部门

系统	部门	数量	具体部门	投入要素	价格	贸易范围
资源	开采部门	4	煤炭开采和洗选业、石油和天然气开采业、金属矿采选业、非金属矿及其他矿采选业	L、K、R	外生	国内/国外
	工业部门	17	食品制造及烟草加工业，纺织业，纺织服装皮革羽绒及其制品制造业，木材加工及家具制造业，造纸印刷及文教体育用品业，石油加工、炼焦及核燃料加工业，化学工业，非金属矿物制品业，金属冶炼及压延加工业，金属制品业，通用、专用设备制造业，交通运输设备制造业，电气机械及器材制造业，通信设备、计算机及其他电子设备制造业，仪器仪表及文化办公用机械制造业，工艺品及其他制造业，废品废料	L、K、R	外生	国内/国外
	能源部门	3	电力、热力的生产和供应业，燃气生产和供应业，水的生产和供应业	L、K、R	外生	国内
经济	运输部门	1	交通运输及仓储业	L、K	内生	国内/国外
	农业部门	1	农业	L、K、R	外生	国内
	建筑部门	2	建筑业、房地产业	L、K	内生	国内
	服务部门	13	邮政业，信息传输、计算机服务和软件业，批发和零售业，住宿和餐饮业，金融业，租赁和商务服务业，研究与试验发展业，综合技术服务业，居民服务和其他服务业，教育，卫生、社会保障和社会福利业，文化、体育和娱乐业，公共管理和社会组织	L、K	内生	国内/国外
环境	环境保护部门	1	水利、环境和公共设施管理业	L、K、R	外生	国内

注：以上分类主要参考《2007 中国投入产出表》中的部门类型。

4.2.1.2　模型扩展——引入资源模块和环境模块

任何 CGE 模型都是建立在供给和消费模块以及二者均衡关系的基础上。本书构建的资源税政策模拟分析模型在传统模型基础上，建立并扩展资源模块和环境模块，并在该模块中分别设立资源补偿和恢复账户、环境污染治理账户，反映资源系统和环境系统的变化情况。

资源消费由社会需求决定，当社会需求增加时，必然会导致资源消费水平和数量的提高。在此基础上，本书借助生态足迹分析法（Ecological Footprint，EF）对资源消耗量和环境消耗量进行测度。通过不同资源的不同生态足迹，生态足迹分析法能有效分析出资源的消耗情况，进而测算出环境消耗量。基于中国的投入产出表，生态足迹分析法将资源消耗和使用以及产生的生态环境影响同步分析，同时将资源税政策模拟分析模型和生态足迹分析法相结合，将资源消费、资源转换矩阵、资源占用土地转换率和生态足迹联系起来。在核算过程中，本书估计出资源足迹和生态足迹，在资源价格相对稳定的情况下，进行资源模块和环境模块的核算。

资源模块和环境模块核算过程如图 4－2 所示。

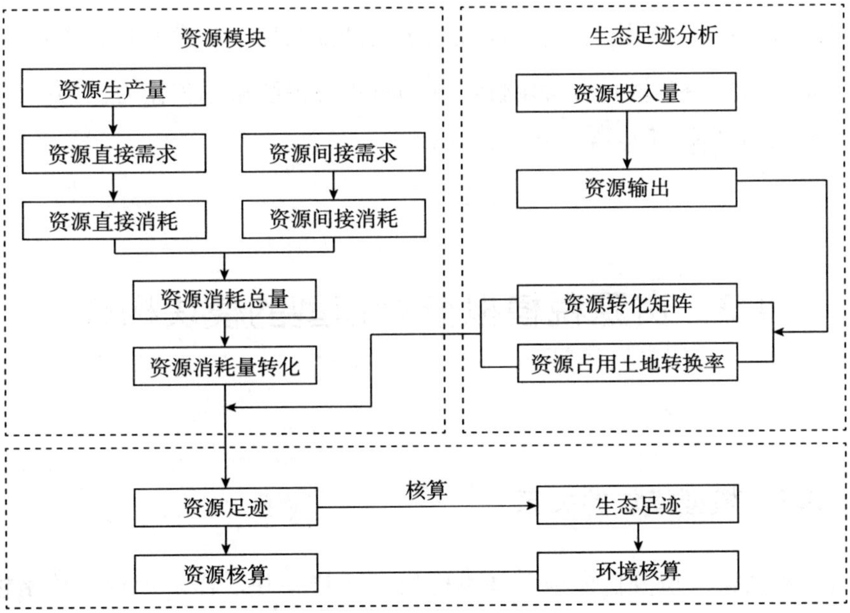

图 4－2　资源模块和环境模块核算过程

4.2.2 影响部门和模型特点

4.2.2.1 资源税政策模拟分析模型包含部门

根据资源税政策的调整方案和影响范围，本书将模型包含部门分为经济系统、环境系统和资源系统。根据《中国投入产出表》的部门分类，本书将模型涉及部门归纳为1个农业部门，4个开采部门，17个工业部门，3个能源部门，2个建筑部门，1个运输部门，1个环境保护部门和13个服务部门，如表4－2所示。

4.2.2.2 资源税政策模拟分析模型的特点

和其他CGE模型相比，资源税政策模拟分析模型具有以下特点：第一，模型覆盖面较广。模型是在资源、经济和环境整个系统范围内构建，涵盖了社会经济、资源和环境等系统。第二，模型实用性较强。模型将资源模块和环境模块纳入模型中，扩展了资源与环境系统的基础数据，使模型具有了较强的实用性。第三，外生变量具有特定性。本书将资源税政策调整作为模型的外生变量，使模型与其他CGE模型能显著区别。

4.3 资源税模拟分析模型的模块构成

4.3.1 模型模块的关系

资源税政策模拟分析模型由基本模块（生产模块、需求模块、价格模块、进出口模块和收入支出模块）、资源模块、环境模块和均衡模块构成。

第一，在生产模块中，本书将资源和劳动、资本一样作为生产要素的一部分，通过多层嵌套形成生产要素，最终和中间投入一起投入生产过程，形成总产出。

第二，在需求模块中，本书将需求分为居民需求、部门需求和政府需求三类需求。其中，居民需求通常指居民生活的需求，部门需求主要指国民生活中的 42 个部门需求，政府需求通常包括政府日常运营和政府采购所产生的需求。

第三，在价格模块中，价格主要反映资源税政策调整后产品价格的变化情况，通过该模块将资源税政策调整的效果直接传递到经济系统中。

第四，在收入支出模块中，收入支出主要包含居民收入支出、部门收入支出和政府收入支出三类收入支出，其中居民收入主要来自劳动收入，即工资收入，居民支出完全用于满足居民的需求；部门收入主要来自收益，部门支出用于支付生产要素的成本，包括工资、资源和资金等，同时部门支出还用来支付政府规定的相关税费；政府收入主要来自资源收益、相关税费收入及其他收入，政府支出主要用于维护经济稳定增长以及管理公共事业（如教育、环境保护等）。在政府收入相对稳定的情况下，本书假设政府的增量收入主要来自于资源税政策调整的收益。

第五，在进出口模块中，本书将产成品分为国内销售和出口销售两类，同时考虑进口的情况。与其他 CGE 模型不同的是，为减少外界因素的干扰，本书假设汇率是相对不变的，即汇率不影响产品的进出口和生产以及消费情况。

第六，在资源模块中，本书设计资源核算、资源补偿等方程，核算资源消耗情况。

第七，在环境模块中，在资源核算的基础上，通过对环境污染治理的投入和核算，使环境系统达到平衡状态。

第八，在均衡模块中，在以上几种模块局部均衡的基础上，实现一般均衡。本书设计了三种宏观均衡条件和三种微观均衡条件，其中，宏观均衡条件包括贸易均衡、收入支出均衡、储蓄投资均衡；微观均衡条件包括资源市场出清、资本市场出清、产品市场出清等。

资源税政策模拟分析模型的主要模块之间的关系如图 4－3 所示。

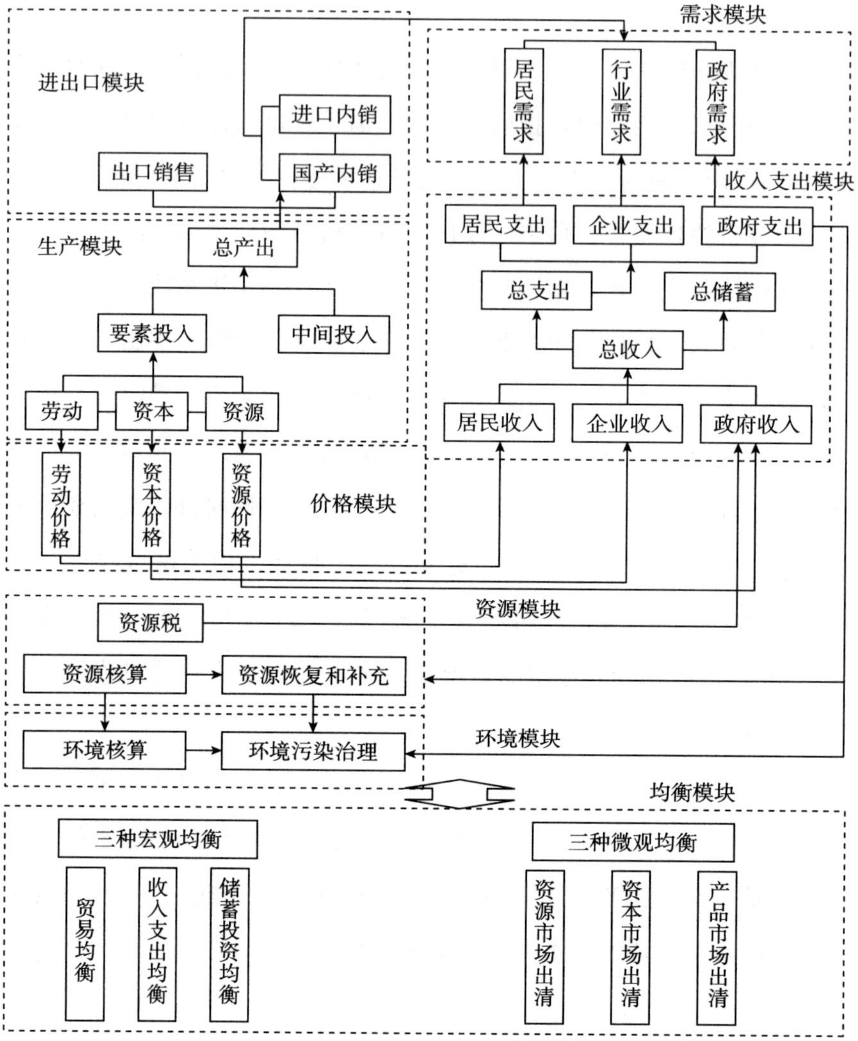

图 4－3　模型主要模块关系

4.3.2　模型基本模块

4.3.2.1　生产模块

（1）生产结构。

在资源税政策模拟分析模型中，生产模块包括要素投入和产品产出两部分，其中要素投入包括资源、资本和劳动三个基本要素。假设国民经济各部门生产建立在资源消耗的基础上，生产的技术特征为规模报酬不变，服从 Leontief/CES 函数；产品产出由增加值和中间投入两部分构成。生产模块中生产结构如图 4 –4 所示。

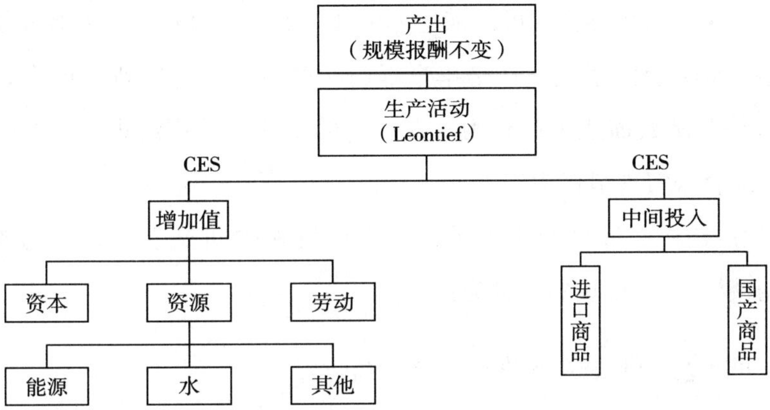

图 4 –4　生产模块结构

在资源税政策模拟分析模型中，生产者通过资源、资本和劳动等要素投入，形成产出，并在生产过程中对环境系统产生影响。生产模块的经济主体为生产者，包括国民经济各生产主体。在生产和产出的过程中，生产者必须做出决策，即要素投入时的投入决策，产品产出时的产出决策。在投入决策时以成本最小化作为行为准则，而在产出决策时以利润最大化作为行为准则。

为便于分析，假设在要素投入的生产阶段，在第三层中，资源要素煤炭、原油、天然气等不同类型的资源构成，服从 CES 函数，允许相互之间存在不完全替代弹性；第二层中，资源、资本和劳动之间也服从 CES 函数，允许相互之间存在不完全替代弹性，三者合成构成增加值；中间投入由进口商品和国产商品合成，服从 CES 函数，允许相互之间存在不完全替代弹性；在第一层中，产出由增加值和中间投入构成，服从 Leontief 函数，即在同一产量水平上要素投入量之间的比例是固定的。

在产品产出的决策阶段，生产者依据利润最大化进行决策。生产者根据产品价格、市场竞争情况以及消费需求变化等因素决定产品产出，通过国内外市场供需的均衡状况决定是否用于出口或者国内销售。

（2）生产方程。

生产模块中函数方程既可以描述单个部门的生产过程，在宏观经济中，也可以描述将整个经济系统看作是单个部门时的生产过程（Perroni 等，1998）。本书采用 CES 函数描述生产行为，在一定的技术或效用约束下，通过相互替代的要素组合来实现最优生产。

1）生产模块通过总产出表示，由增加值和中间投入两部分构成，服从 Leontief 函数。生产模块的函数为：

$$Q = \min \sum_{i=1}^{n} [TVA_i(L,K,R)/\varphi_1 + TIP_i/\varphi_2] \tag{4-1}$$

其中，Q 表示总产出，TVA 表示总增加值，TIP 表示总中间投入。

2）总增加值生产类型属于 Cobb－Douglas 型，资源、资本、劳动的合成函数为：

$$TVA = A(\alpha_1^{1/\kappa} L^{\kappa-1/\kappa} + \alpha_2^{1/\kappa} K^{\kappa-1/\kappa} + \alpha_3^{1/\kappa} E^{\kappa-1/\kappa}) \tag{4-2}$$

其中，TVA 表示总增加值，E、K、L 分别表示资源要素投入、资本要素投入和劳动要素投入，κ 表示各种要素投入之间的替代弹性。

资源的合成函数为：

$$E = A_e(\lambda_1^{1/\rho} E_1^{\rho-1/\rho} + \lambda_2^{1/\rho} E_2^{\rho-1/\rho} + \cdots + \lambda_n^{1/\rho} E_n^{\rho-1/\rho}) \tag{4-3}$$

其中，E 表示合成资源的消耗数量，E_1、E_2、…、E_n 分别表示煤、油、水等资源的消耗数量，ρ 表示各种资源之间的替代弹性。

3）总中间投入属于 CES 型，函数方程为：

$$TIP = A_{ip}(\pi_1^{1/\sigma} IP_1^{\sigma-1/\sigma} + \pi_2^{1/\sigma} IP_2^{\sigma-1/\sigma}) \tag{4-4}$$

其中，TIP 表示合成中间投入的数量，IP_1、IP_2 分别表示进口产品和国产产品的消耗数量，σ 表示进口产品和国产产品之间的替代弹性。

在资源税政策模拟分析模型中，资源要素投入被假定为同质的，可以跨部门、跨地区流动；资源要素投入和使用按照边际成本等于边际收益原则进行决策。

4.3.2.2　需求模块

（1）需求结构。

在传统的CGE模型中，消费者主体有政府、部门、居民和世界其他地区，其中居民又分为城镇居民和农村居民两个类型。在资源税政策模拟分析模型中，为简化分析，本书不考虑世界其他地区的情况。本书假定对资源的消费需求是同质的，可以跨部门流动；对劳动力和资本的消费需求为异质的，在同一时期内不能跨部门流动。消费需求结构如图4-5所示。

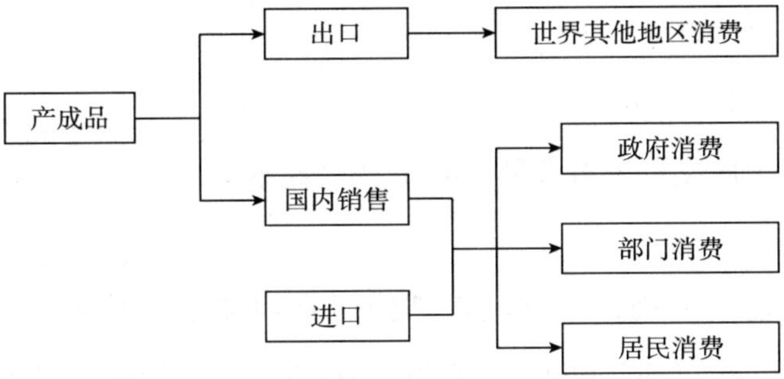

图4-5　消费需求结构

（2）消费方程。

根据图4-5的消费结构，政府、部门和居民为主要的消费主体，由于本书不考虑世界其他地区的消费情况，则可以得到以下消费函数方程：

$$S = S_g + S_i + S_f = \sum_{i=1}^{n} p_i q_i \tag{4-5}$$

其中，S为资源消费总量，S_g为政府资源需求量，S_i为居民资源需求量，S_f为部门资源需求量，p_i为资源消费价格，q_i为资源消费数量。

政府消费作为外生变量，在资源税政策模拟分析模型中发挥征税、消费、储蓄和对部门、居民等转移支付的重要作用。政府通过对生产、流通以及消费等领域征税来增加财政收入，再通过消费和转移支付实现经济的发展。政府储蓄等于政府总收入扣除政府总支出的净收入，在这里，本书假设政府收入支出维持在一定比例，在一定时间内保持不变；政府需求函数为线性支出系统型（Linear Expenditure System，LES），即政府需求服从 Stone - Geary 效用函数，政府消费函数为：

$$S_g = (1 - R_{gS})GDP - B \tag{4-6}$$

其中，S_g 为资源需求量，R_{gS}为政府储蓄率，GDP 为国内生产总值，B 为资源补偿。

一般来说，根据居民消费为居民收入和居民储蓄的差额，则可以得到居民消费数量，居民消费方程为：

$$S_i = (1 - R_{iS})(w + B) \tag{4-7}$$

其中，S_i 为居民资源需求量，R_{iS}为居民储蓄率，w 为居民收入，B 为资源补偿。

而在部门需求方面，本书假设部门对资源需求函数为不变替代弹性型（Constant Elasticity of Substitution，CES），即在部门资源消耗量不变的情况下，使用的资源要素之间的替代弹性是不变的，则部门需求方程为：

$$S_f = (1 - R_{fS})(Y - T + B) \tag{4-8}$$

其中，S_f 为居民资源需求量，R_{fS}为居民储蓄率，Y 为部门收入，T 为政府征收的资源税，B 为资源补偿。

4.3.2.3 价格模块

（1）价格结构。

本书将资源税政策调整因素作为外生变量引入 CGE 模型中，根据征收方式的不同，税收征收主要有两种方式：第一种是从量税，即根据产品的重量、数量、容量、长度和面积等计量单位为标准计税；第二种是从价税，即根据产品的价格为标准计税。根据征收环节，可以从生产、消费单一环节或全部环节征收资源税。《中华人民共和国资源税暂行条例》规定，我国的资源税征收方式为按照数量标准在生产环节征收，这导致我国的资源税税率和资源使用成本过低，难以及时反映市场供求状况及价格的变化。资源税征收方式的变化直接导致价格的变化，本书通过价格模块描述资源税政策调整后与之相关的各种价格的变化情况，形成价格体系。价格模块中的价格形成过程和相互关系可以用图 4 –6 表示。

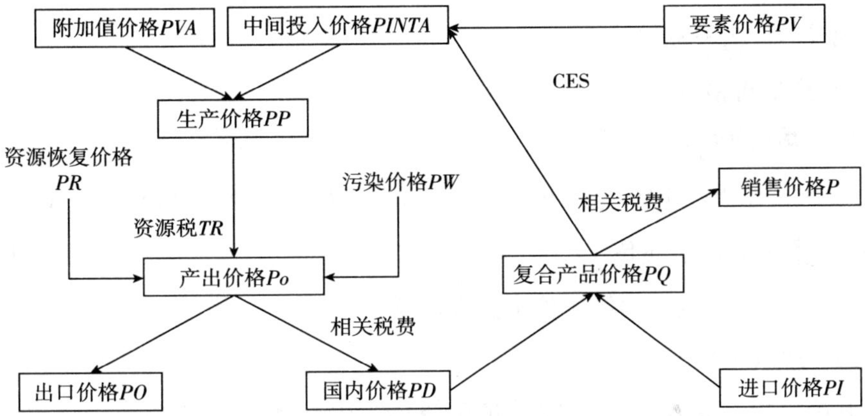

图 4 –6　价格体系

价格体系描述的是资源税政策调整后资源产品价格的变化情况。假设在不同生产地和消费地，资源具有不完全替代性，资源税作为外生变量，独立于其他价格和非价格变量。由于影响价格构成因素较为复杂，本书只考虑价格主要影响因素。产成品价格受多种因素共同影响和作用而形成，主要因素包括资源成本、劳动成本、资金成本、资源恢复成本、污染成本、资源税和相关税费等。

（2）价格方程。

按照价格的基本构成，可以得出产成品价格等于要素成本、增加值、资源恢复价格、污染价格、资源税和相关税费之和。

价格方程为：

$$P = C + VA + T + PW + PR \tag{4-9}$$

在不考虑交易成本的情况下，价格模块的核心方程主要包括：

1）总中间投入价格方程。

$$PINTA = (\sum PQ + \sum PV)\,\text{int}a \tag{4-10}$$

其中，$PINTA$ 为总中间投入价格，PQ 为复合产品价格，PV 为要素价格，int$a$ 为总中间投入产出系数。总中间投入价格依赖于复合产品和要素投入以及总中间投入产出系数。

2）产出价格方程。

$$Po = PP + PR + PW + T \tag{4-11}$$

其中，Po 为产出价格，PP 为生产价格，PR 为资源恢复价格，PW 为污染价格，T 为征收的资源税。

3）进口产品的国内销售价格方程。

$$PI = Pi(1 + Ti)exr \tag{4-12}$$

其中，PI 为进口产品的国内销售价格，Pi 为进口产品的国内进口价格，Ti 为进口税率，exr 为汇率。

4）国内产品的出口销售价格方程。

$$Po = Po(1 - To)exr \tag{4-13}$$

式中，Po 为出口产品的国外销售价格，Po 为出口产品的国内价格，To 为出口税率。与进口税率不同，由于政府给予出口产品一定的补贴，从而降低了出口产品的价格，提高了生产者的积极性和出口产品的竞争力，所以出口税率的符号为负。

5）国内产品的国内销售价格方程。

$$PD = Po(1 + TR) \tag{4-14}$$

其中，PD 为国内产品的国内销售价格。

4.3.2.4　进出口模块

(1) 进出口结构。

在资源税政策模拟分析模型中，进出口模块仅描述的是需要与其他区域或国外进行进出口贸易的部门。消费资源主要来自国外进口和国内等区域，消费者（或生产者）根据成本最小化的原则选择合适的资源消费比例和消费方式，本书假设消费者（或生产者）决策为先在国内进行比较，然后与国外进行比较，进行综合决策。进出口结构如图 4－7 所示。

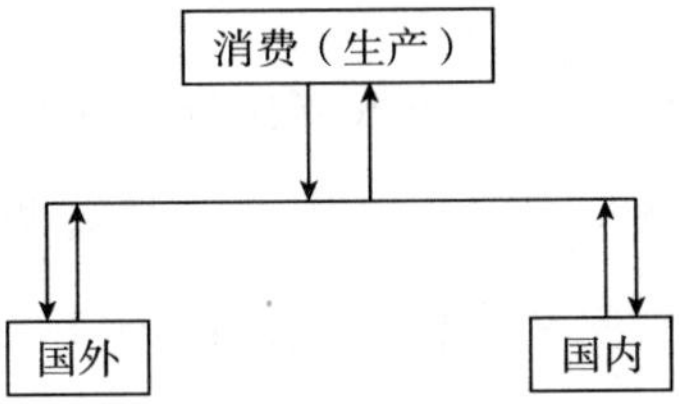

图 4－7　进出口结构

(2) 进出口方程。

资源需求分为国内需求和国外需求，资源总需求被定义为国内资源需求和国外资源需求的总和。同理，资源生产也具有相同的过程。本书将资源进口及国内需求定义为 CES 型，即资源需求具有不完全替代弹性；将资源出口定义为 CET 型，即资源生产具有常转换弹性，在生产技术约束下，确定在不同市场生产和分配的最优策略。

我们借鉴阿明顿（Armington）方程，将国内和国外资源进行优化组合，构建方程。

1) 进口方程。

$$QX = a[\psi QI^{\rho} + (1-\psi)QD^{\rho}]^{\frac{1}{\rho}} \tag{4-15}$$

$$\frac{QI}{QD} = \left[\frac{PI}{PD} \times \frac{1-\psi}{\psi}\right]^{\frac{1}{\rho-1}}$$

其中，QX 为需求总量，QI 为进口需求量，QD 为国内需求量，a 为转移参数，ψ 为不同区域资源需求所占比重，ρ 为方程指数。

2）出口方程。

$$QY = a[\psi QO^{-\rho} + (1-\psi)QD^{-\rho}]^{-\frac{1}{\rho}} \tag{4-16}$$

$$\frac{QO}{QD} = \left[\frac{PO}{PD} \times \frac{\psi}{1-\psi}\right]^{\frac{1}{1+\rho}}$$

其中，QY 为生产总量，QO 为出口生产量，QD 为国内需求量。

4.3.2.5　收入支出模块

（1）收入支出结构。

资源税政策模拟分析模型中，收入支出模块主要描述资源税政策调整后政府、部门和居民的收入变化情况，反映资源税政策调整对收入的影响状况。在该模块中，居民分为城镇居民和农村居民，都为价格接受者，在各自预算约束下按效用最大化原则进行决策。居民通过提供自身要素来获取初次收入，表现形式为工资，收入支出模块中，居民效用函数采用 Stong - Geary 效用函数描述，允许资源之间不完全替代，资源需求属于线性支出系统（Linear Expenditure System，LES），消费结构采用 Stong - Geary/CES 嵌套，如图 4 - 8 所示。

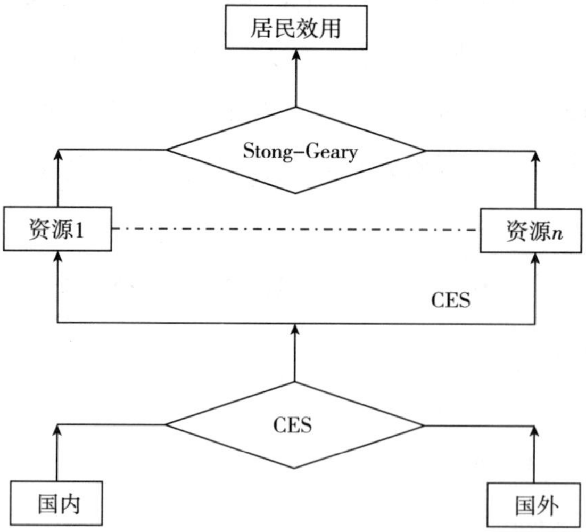

图 4 - 8　居民收入效用结构

部门通过生产形式获取回报，形成资源、人力和资本等要素收入，其表现形式为利润；同时部门按照要素的投入情况对所获得的利润进行分配，从而形成劳动收入和资本收益等分配形式。

政府通过征税来获取初次收入，表现为财政收入。在初次收入分配之后，政府对部分行业和居民进行补贴或转移支付来实现收入再分配，达到社会公平分配的目的；同时政府自身运行也需一定的成本，即政府消费，当政府为调节经济运行状态时，政府消费就表现为政府购买，本书将政府消费作为外生变量处理；最后政府将财政收入与支出的差额进行储蓄，以满足社会经济未来发展的需求。

（2）收入支出方程。

由于其他税费相对固定，为简化分析，本书假设除资源税外不考虑其他税费，即其他税费相对不变。

1）居民收入支出方程。

居民收入主要来自劳动收入、资源补偿等；居民支出主要是各种最终消费、缴纳的所得税等相关税费；居民的储蓄（或净收入）等于居民收入和支出的差额。下面为居民收入支出方程：

$$SH = w - C - TH + BH \tag{4-17}$$

其中，SH 为居民储蓄金额，w 为居民劳动工资收入，C 为居民消费，TH 为居民承担的资源税税负程度，BH 为资源补偿收入。

2）部门收入支出方程。

部门收入主要来自要素收益、资源补偿等；部门支出主要来自资源、人力、资本等要素成本和所得税等相关税费。收入支出模块中，假定部门的所得税税率相对固定，资源税作为外生变量影响部门成本，部门的储蓄（或净收入）等于部门收入和支出的差额。下面为部门收入支出方程：

$$SC = Y - w - rK - TF + BC \tag{4-18}$$

其中，SC 为部门储蓄（或净收入），Y 为部门总收入，w 为人力资本支出，rK 为资金成本支出，TF 为部门承担的资源税税负程度，BC 为资源补偿收入。

3）政府收入支出方程。

政府收入主要来自资源税和其他税费之和；政府支出主要为政府消费（或政府购买）、各种资源补偿等，政府的储蓄等于政府收入和支出的差额。下面为政府收入支出方程：

政府的收入函数为：

$$SG = QT_O + TRQ_R - \sum_{i=1}^{n} I_i B_i \tag{4-19}$$

其中，SG 为政府储蓄，QT_O 为除资源税外的其他税费之和，TR 为资源税税率，Q_R 为资源使用量，I 为资源补偿对象，B 为资源补偿金额。

4.3.3 资源模块

4.3.3.1 资源核算结构

传统的 CGE 模型大多过度关注生产和消费等纯经济系统的描述，而忽略了与经济系统关系最为密切的资源系统。为全面反映资源税政策调整对资源的影响，本书引入了资源模块，反映资源使用、补偿和恢复的情况，反映资源、经济和环境连续的变化情况。

资源账户将自然资源禀赋回报从部门利润中分离，账户核算通过资源恢复和资源补偿等进行综合考量。资源恢复主要指在资源开发和利用后，对相应的投入资本和劳动进行保护，使资源能够不断地更新，达到可持续利用的效果。资源补偿主要指在消费资源类产品时，带来的盈利需要对资源和环境破坏以及国民经济财富的流失做出相应的补偿。资源模块是资源税政策模拟分析模型的核心组成部分之一。

资源模块中，由资源恢复、补偿等资源恢复增量形成的自然资源禀赋收入成为资源账户的储蓄。由于长期以来我国资源税负过低，导致资源过低消耗，资源账户的储蓄不足。资源税政策调整旨在提高资源的使用效率，增加自然资源禀赋收入，加大资源账户的储蓄力度，有必要建立资源账户评价方程对资源税政策调整后的资源账户进行重新评价。资源账户核算的结构如图 4－9 所示。

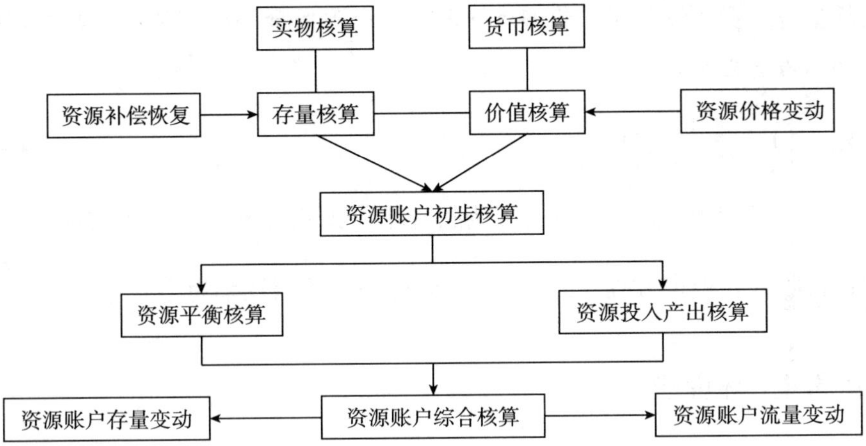

图 4－9　资源账户核算结构

4.3.3.2　资源核算方程

资源账户核算主要有两种方法：第一种方法被称为“损耗法”（Depreciation Method），由美国世界资源研究所经济学家罗伯特·里佩托（Robert Repetto）于 1989 年首先提出，并逐步广泛推广和应用。类似于生产中固定资产折旧，该方法将资源损耗看成资源账户的折旧，在资源实物核算和货币核算的基础上，核算资源净损耗的价值量，资源总价值的净变动等于当年资源的减少价值量和增加价值量之和。第二种方法被称为“使用者成本法”（User Cost Method），由世界银行经济学家萨拉赫·埃·塞拉菲（El Serafy Salah）于 1993 年首先提出。该方法将资源带来的净收入分成使用者成本和真实收入的价值增加因素等，其中，使用者成本指资源使用者对原有资源的侵蚀，资源开采带来的回报以及资源价格带来的收入中的一部分进行资源恢复来弥补资源损失。在两种资源核算方法的基础上，本书从资源恢复和弥补的角度构建资源核算方程。

本书假设资源租金包括两部分，分别为资源报酬和资源消耗。资源报酬指资源使用带来的资本服务流量价值，即资源使用所带来的增加值；而资源消耗指资源使用而形成的资源耗减价值，即资源本身的价值。资源系统均衡时，资源消耗量等于资源恢复量，借鉴 SEEA2003 资源租金的净现值法，则可以得到资源的核算方程为：

$$YR=\left[1-\frac{1}{(1+i)^{t}}\right]Y \tag{4-20}$$

其中，YR 为资源的消耗量，i 为折现率（即银行利率），t 为时期，Y 为资源的销售收入。根据方程（4－20）可以得到资源消耗率为$\frac{YR}{Y}$。

4.3.4　环境模块

4.3.4.1　环境核算结构

20 世纪 80 年代，Dufournaud、Harrington 和 Rogers 等首先将污染物排放和环境污染治理纳入一般均衡模型中，为 CGE 模型的环境核算奠定了基础。在资源税政策模拟分析模型中，环境评价模块主要描述的是资源税政策调整对环境损耗、污染排放和环境污染治理的改善情况；同时在该模块中，环境污染治理进一步改善环境，通过人对周围环境的主观感受，提高了环境效用，使社会福利得到很好的改善。

环境账户的核算通过污染物排放、污染治理的情况进行考量，该账户通过人力和资本的投入进行环境污染治理，使环境标准不低于（或高于）资源税政策调整前的环境状况。该账户既包括在资源加工和生产过程的环境污染治理，也包括最终消费时的污染治理。在环境模块中，要对环境污染成本进行核算，在不考虑环境退化的情况下，环境污染物排放量主要包括中间投入过程中的污染排放量、生产过程中的污染排放量和消费过程中的污染排放量。

在环境账户核算时，主要有以下几种方法：第一种方法，与生产、消费账户类似，将环境核算账户单独出来，在标准化CGE模型的基础上，将与环境相关的部分和要素分离，形成一个独立的账户；第二种方法，引入新的模块来描述环境账户，这种方法通常具有导向性，与所研究的问题关系密切；第三种方法，通过改造或扩展生产函数、消费函数或社会核算矩阵将环境效用直接映射到经济系统，从而使改造后的CGE模型适应性更强，但该方法较烦琐，且选择标准不同，模拟仿真结果差异较大。由于资源税的专业性程度较强，本书选用第二种方法来描述环境核算账户。

1993年，联合国提出了环境与经济综合核算体系（SEEA），本书在SEEA的基础上，建立环境核算账户，分别对环境实物和福利进行核算，环境账户核算过程如图4－10所示。

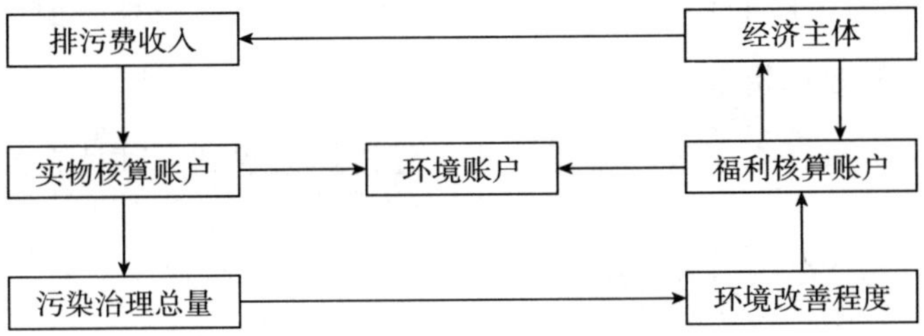

图4－10　环境账户核算过程

4.3.4.2　*环境核算方程*

在环境模块中，环境账户的储蓄为环境污染治理费和污染物排放量的差额。其中，环境污染治理费指政府收取并应用于环境治理的污染排放费，影响排污费的主要因素包括总产出的污染程度、污染物排放费、污染物排放超标率和污染物排放超标收费等；污染物排放量指污染治理所需的成本，主要包括中间投入、生产和最终消费时排放的污染物总量以及排放污染物的污染强度等。

实物核算方程为：

$$YE = PE_{TAX} - PE_{COST} \tag{4-21}$$

$$\text{s.t. } PE_{TAX} = \sum PE_{P1} QE_{Q1} + \sum PE_{P2} QE_{Q2}$$

$$PE_{TAX} = \sum (QE_{Q1} + QE_{Q2}) PE_I PE_{AC}$$

其中，YE 为环境账户收益，PE_{TAX} 为环境污染物排放收费，PE_{COST} 为污染物治理成本，PE_{P1} 为在政府核准范围内的污染物收费标准，QE_{Q1} 为政府核准范围的排污量，PE_{P2} 为超过政府核准范围的污染物收费标准，QE_{Q2} 为超过政府核准范围的排污量，PE_I 为污染物污染强度，PE_{AC} 为污染物单位治理成本。

在福利核算方面，本书借鉴诺德豪斯—托宾核算模式（将 GDP 转换为国民福利指标的模式），将环境改善转化成国民福利，在 SEEA 体系下，将环境实物核算账户作为最终产品，则可以得到福利核算方程为：

$$U_E = \sum YE^{\phi} \tag{4-22}$$

其中，U_E 为居民的环境福利，YE 为环境实物账户核算净值，ϕ 为环境实物账户核算后的效用指数。

根据效用函数，本书采用希克斯变量分析社会福利，其计算公式包括：

$$EV = \frac{U_n - U_O}{U_O} U_O \quad CV = \frac{U_n - U_O}{U_O} U_I \tag{4-23}$$

其中，EV 为等价变量，CV 为补偿变量。

4.3.5 均衡模块

资源税政策模拟分析模型的均衡模块包括三种市场均衡条件和三种宏观均衡条件。其中，市场均衡条件包括资本市场出清、资源市场出清和产品市场出清，资本市场中，通过资本回报率变动达到资本要素均衡；资源市场中，通过资源税负变化，使资源恢复和资源产出达到资源市场均衡；产品市场中，通过生产和需求的均衡达到市场出清。三种宏观均衡条件包括收入支出均衡、贸易均衡和储蓄投资均衡，收入支出均衡中，通过总支出和总收入的差值达到均衡状态；贸易均衡中，通过政府经常性账户支出和进口达到均衡；储蓄投资均衡时，总储蓄和总投资呈对应关系，即总投资等于总储蓄。

（1）资源市场出清。

当资源市场出清时，要求资源账户供需平衡，达到均衡状态，此时资源的补偿和恢复等于同时期资源的投入；同时资源的投入也等于资源的产出，即资源投入产出达到均衡，资源的恢复和资源的投入达到均衡，可以得到资源市场出清时账户均衡的方程为：

$$YR(t) = YE(t) = YI(t) \tag{4-24}$$

其中，YR 为资源账户收益；$YE(t)$ 为资源账户补偿、恢复等的投入；YI 为资源恢复后下一阶段的产出，t 为本阶段，$t+1$ 为下阶段。

（2）资本市场出清。

在资源税政策模拟分析模型中，采用凯恩斯闭合规则，投资相对稳定，在同一时期不能在部门间相互流动，资本市场出清要求存量资本等于资本投入和折旧之和，资本市场出清时资本的投入和产出达到均衡状态。

资本市场出清方程为：

$$K(t) = \sum D(t) + k(t) \tag{4-25}$$

其中，$K(t)$ 为资本存量，$D(t)$ 为资本的折旧额，$k(t)$ 为资本的投入额，t 为时间。

（3）产品市场出清。

产品市场出清指市场上资源供给和资源消费达到一种平衡的状态，市场上的资源供给来自国内生产、国外进口等；而对资源的需求来自政府、部门和居民等，部门的资源需求一般作为生产中的中间投入的资源需求，而政府、居民的需求则体现为资源最终需求。

根据生产模块、需求模块和资源模块的方程，可以得到产品市场出清方程为：

$$Q(t) = \sum X(t) + \sum Y(t) + \sum Z(t) \tag{4-26}$$

其中，$Q(t)$ 为生产需求，$X(t)$、$Y(t)$ 和 $Z(t)$ 分别为政府需求、居民需求和部门需求。

（4）收入支出均衡。

在收入支出模块中，收入支出分为政府、居民和部门三种类型。本书将税收作为外生变量，在其他税负不变的情况下，政府通过征收资源税作为收支的重要组成部分，此时政府的储蓄为政府收入和支出的差额，当政府储蓄额为零时，政府收入支出均衡；部门和居民作为资源价格的接受者，部门收入等于部门支出，居民收入等于居民支出，此时实现部门和居民的收入支出均衡。

（5）贸易均衡。

贸易均衡包括国际贸易均衡和省际贸易均衡。国际贸易均衡指国外经常性账户下进口与支出差额为零的状态，省际贸易均衡指各省的资源进口和资源支出为零的状态，贸易均衡时总进口等于总支出。此时，贸易均衡的方程就是进出口模块中的方程。

（6）储蓄投资均衡。

当储蓄投资均衡时，即总储蓄等于总投资。总储蓄为政府、部门和均衡储蓄之和，总投资为各部门投资之和，当总储蓄完全转化为总投资时，达到储蓄和投资的均衡状态。

4.4 基础数据——社会核算矩阵的编制

4.4.1 社会核算矩阵的扩展

4.4.1.1 社会核算矩阵概述

社会核算矩阵（SociaL Accounting Matrix，SAM）（以下简称SAM表）建立在投入产出（IO）分析的基础上，Jeffery I. Round 首先将 SAM 表定义为“一种单式记账的核算体系，矩阵中的每一行和每一列代表一个宏观账户，行记录收入，列记录支出”。但被更广泛接受的是来自联合国的定义，1993 年，联合国在国民经济核算体系（System of National Accounts，SNA）中将 SAM 表定义为“以矩阵形式表示的 SNA 账户，刻画了供给表、使用表和部门账户之间的关系，反映了一定时期内社会经济主体之间的各种关系”（UNSO，1993）。

SAM 表记录了一定时期内各经济主体之间数量关联程度和相互作用情况，既可在宏观层面上反映社会经济、资源和环境等方面的整体全貌，又可以反映社会内部结构和运行情况，直观反映政府、部门和居民等主体的变化情况，还能在现有数据的基础上，通过对投入产出表的扩展，为经济模型（如 CGE 模型等）提供基础数据支撑，进而模拟出部分变量变动对社会的影响程度，全面、综合地反映出政策变动对社会整体和局部的影响和关联关系，挖掘出某一时期的社会经济特征、资源与环境的结构变化情况。

20 世纪 60 年代，国外学者开始尝试将资源和环境等的计量和核算问题纳入广义的经济系统中，逐步将 SAM 表应用于资源和环境分析。在以后的 20 年里，许多发达国家和国际组织纷纷构建本国或本地区包含资源、经济和环境系统在内的综合核算体系，其中最具代表性的为联合国的 SEEA 和芬兰的 NAMEA。1993 年联合国在 SNA 的基础上，提出了环境与经济综合核算附属体系（System of Economic and Environmental Accounts，SEEA），1994 年，芬兰政府推出了包含环境账户的国民经济核算矩阵（National Accounting Matrix - including Environmental Accounts，NAMEA）。

4.4.1.2　本书对社会核算矩阵的扩展——资源环境 SAM 表

在本书中，SAM 表作为资源税政策模拟分析模型的数据基础，必须对 SAM 表进行扩展，将资源和环境因素纳入其中，形成全新的社会核算矩阵，即资源环境 SAM 表，作为资源税政策模拟分析模型的基础数据。

在《中国投入产出表》的基础上，本书编制扩展的社会核算矩阵作为资源税政策模拟分析模型的基础数据，在社会核算矩阵的框架下，通过计算程序进行资源税政策模拟分析模型资源、环境核算和政策模拟。为保持资源税政策模拟分析模型基础数据的完整和统一，对社会核算矩阵的扩展是非常有必要的。由于资源税政策模拟分析模型引入了资源模块和环境模块，相应地在社会核算矩阵中，也必须在扩展传统的基础数据范围内增加资源和环境方面的基础数据，使基础数据和模块之间保持一致性，同时与国民经济核算方式相兼容，使社会核算矩阵与经济运行、统计核算和社会活动相关性更加紧密。本书构建了资源税政策模拟分析模型框架下的资源社会核算矩阵，包括实物核算和价值核算两部分。实物核算包括资源和环境两类核算，其中，资源包括资源消耗量、资源补偿恢复量等，用于核算和反映资源系统的平衡状况；环境包括环境消耗量、环境污染治理量等，用于反映环境系统的状况。

价值核算包括产品和活动类、要素类、收入支出类、储蓄投资类、进出口类五类核算。第一，产品和活动类包含产品、生产活动、资源恢复和环境治理四个账户，本书在传统的资源产品和生产账户的基础上，增加了资源恢复和污染治理两个账户，用来反映资源使用、恢复和环境污染治理的价值核算；第二，要素类包含劳动、资源和资本三个账户，本书将资源从传统的生产要素中独立分离出来，在资源实物核算的基础上，对作为要素形式的资源进行价值核算，从而将资源的投入产出纳入国民经济核算体系之中，更加客观地看待资源投入产出对社会的贡献程度；第三，收入支出类包括居民、部门和政府三类账户，这三类账户作为收入支出的载体，彼此之间相互联系，又相互独立，形成网络化、系统化的收入支出结构，同时政府通过资源补偿方式用于资源补偿和恢复以及环境污染的治理等方面；第四，储蓄投资类包括储蓄和投资两个账户，由于假设储蓄完全转化为投资，在这里，本书只考虑储蓄的情况，各经济主体将收入支出后的余额存入到储蓄账户，即投资账户；第五，进出口类只有国内外一个账户，用来反映产品进出口的净值，该账户通过外汇收支来反映价值变动，最终外汇结余进入储蓄和投资账户。

同时，对社会核算矩阵的数据差异和不同数据来源的差异，本书借鉴徐卓顺（2009）的做法，采用了交叉熵（Cross Entropy，CE）方法，用 Shannon 值来解决来源不同的信息的冲突，进行初始社会核算矩阵的调平处理。

4.4.2 资源环境 SAM 表的编制

4.4.2.1 资源环境 SAM 表结构、编制方法和基准年的选择

与传统 SAM 表相同，资源环境 SAM 表是一系列账户的集合，其中的每个账户都遵循收支平衡原则，即一个账户的收入必定等于相应账户的支出，从而实现收支均衡。根据 SAM 表的规则，矩阵的行数和列数是相等的，但矩阵中的账户则根据所研究问题进行具体设置。在资源环境 SAM 表中，将资源和环境纳入其中，必须建立复合核算结构中相关的“复合流量账户”（Leontief, 1971），在核算框架中既要包括资源、经济和环境系统货币形式体现的货币核算账户，又要体现资源投入、恢复和环境投入、治理的实物核算账户。Daly（1968）、Isard（1969）和 Victor（1972）等运用扩展的投入产出模型，将残余物当成常规活动的副产品进行实物核算，为构建含有资源和环境账户的综合性资源环境 SAM 表提供了重要借鉴。下面简述资源环境 SAM 表的结构、编制方法和步骤。

（1）资源环境 SAM 的结构。

资源环境 SAM 表具体包括产品、活动、要素、政府、部门、居民、储蓄和国外八个账户，账户的具体内容如表 4－3 所示。下面本书将对宏观资源 SAM 表结构中的单元项的含义逐一进行介绍。

产品账户记录产品的形成和流动过程，主要源于活动账户中的生产活动子账户，其收入来源于出售给活动账户中间投入的产品，出售给居民、部门和政府的产品，以及出口的产品获得的收益；其支出包括活动账户中劳动、资金和资源等生产要素的购买、进口商品的购买以及政府收取的相关税费。

活动账户记录社会经济和资源环境系统中的各种活动情况，包括生产活动、资源恢复和环境污染治理三个子账户。其中，生产活动收入通过将产品销售给商品账户实现，其支出为中间投入、生产要素和相关税费的总和；资源恢

表 4-3 宏观 SAM 表结构

产品		序列	1	2	3	4	5	6	7	8	9	10	11	12	13	合计	价值核算
			产品	活动			要素			居民	部门	政府		储蓄	国外		
				生产活动	资源恢复	环境治理	劳动	资本	资源			收入	支出				
		1		总产出						消费					进出口	总供给	
活动	生产活动	2	总产出							工资						总产出	
	资源恢复	3	恢复投入										补贴			资源产出	资源收益
	环境治理	4	环境投入										补贴			环境产出	环境收益
要素	劳动	5					工资									劳动收益	
	资本	6						利润			利润					资本收益	
	资源	7			资源补偿	环境补偿						税收	税收			资源收益	税收
居民		8					工资							投资		居民需求	
部门		9						利润								部门需求	
政府	收入	10					税收	税收	税收							财政收入	
	支出	11			补贴	补贴				补贴	补贴					财政支出	
储蓄		12								储蓄						总储蓄	
国外		13	进出口									税收				外汇收入	
合计			总供给	总投入	资源投入	环境投入	总支出			消费	成本		补贴	总投资	外汇支出		
实物核算					资源恢复量	环境恢复量	资源消耗量										

复收入通过资源恢复量的价值体现，对于可再生资源通过自然资源的积累实现资源恢复，对不可再生资源通过异地更新等方式实现资源恢复，其支出等于为资源恢复而发生的资本投入（在这里，本书将产品和人力等相关支出折算成资本，环境支出下同）；环境污染治理收入通过环境资源恢复量的价值体现，即按照环境治理后的排污费标准计量减排物价值总量，其支出为环境治理的资本投入总额。活动账户的总收入为生产活动收入、资源恢复收入和环境污染治理收入的总和，而活动账户的总支出为生产活动的支出、资源恢复的支出和环境污染治理支出的总和。

要素账户记录了社会经济运行过程中各种初始要素的收入形成和流动去向，其收入指生产活动过程中形成的产品增加值，支出包括工资支出、资本价值回报和投入资源的价值。

政府收入主要指政府的各种税费收入总和，而政府支出主要指资源税政策调整后发生的相关资源补偿支出。政府收支盈余部分通过政府储蓄形式转移到储蓄账户上。

居民收入主要来源于工资收入和资源补偿收入两方面，而居民支出包括产品消费支出和相关税费支出。居民收支盈余部分通过居民储蓄形式转移到储蓄账户上。

部门分为生产部门和非生产部门两部分，其中生产部门收入主要来源于生产活动形成的利润总和，支出包括各种要素支出和相关税费等；非生产部门收入来自资源补偿，支出包括资源恢复和环境污染治理投入总和。部门收支盈余通过部门储蓄转移到储蓄账户上。

储蓄账户记录了投资储蓄的发生和运行状况，其收入主要来源于居民储蓄、部门储蓄和政府储蓄等，其支出表现为投资。

国外账户记录产品在国内外流动的核算情况，其收入来源于国外的产品进口，其支出指用于支付产品的出口，国外收支盈余部分进入国外储蓄账户。

从上述 SAM 表的基本描述可以看到：SAM 表为综合核算提供了一个整体

的核算框架，居民、部门和政府高度集结，经济、资源和环境系统相互联系，为综合核算提供良好的数据基础。由于 SAM 表要求每个账户收支相互平衡，即每个主体的收支均衡，每个账户的收支均衡和系统内部的收支均衡，这一特征满足了资源税政策模拟分析模型参数标定对数据的要求。

（2）资源环境 SAM 表的编制方法。

一般而言，SAM 表编制有两种方法，为“自上而下”（Top – Down）和“自下而上”（Bottom – Up）（Thorbecke，2003）。自上而下法采用演绎方法，从宏观到微观，从整体到局部开始编制，即先编制宏观 SAM 表，在宏观 SAM 表基础上进行分解，编制所需要的详细微观 SAM 表，宏观 SAM 表为微观 SAM 表提供控制数字（Reinert 等，1997）。自下而上法编制步骤相反。由于自上而下法可以有效地保持数据的一致性，本书根据资源环境 SAM 表的要求，采用自下而上法，从投入产出表和国民经济统计数据出发，编制资源环境宏观 SAM 表，在此基础上进行分解，编制所需的资源环境微观 SAM 表，当分解的账户收支不一致时，采用相应的处理技术使其达到平衡。

（3）基准年的选择。

根据资源税政策模拟分析模型的要求，选择的基础数据应充分反映现实的社会经济和资源环境状况，应采用最近时间的数据，同时模型又要求全面、详细的数据。由于资源环境 SAM 表主要依托于投入产出表，而目前我国最新的投入产出表为 2007 年编制的投入产出表，为充分、有效地反映经济、资源和环境的全貌，本书选择 2007 年为编制资源环境 SAM 表的基准年。

4.4.2.2 宏观资源环境 SAM 表

根据以上要求构造资源环境 SAM 表（见表 4 – 4），宏观 SAM 表的数据主要来源于《2007 年中国投入产出表》、《中国统计年鉴》（2007、2008）、《中华人民共和国国务院公报》（2007、2008）、《中国税务年鉴》（2007、2008）、《2007 年中国水资源调查公布》和《2007 年中国国土资源调查公布》，等等。由于各种来源的数据口径不尽相同，必须对相关数据进行整理和区别，选择较为准确的数据作为控制数，将准确性较差的数据作为余量来处理。表 4－4 详细列出了宏观资源环境 SAM 表中每项数据的来源。

表 4－4　宏观资源环境 SAM 表数据的来源

账户	内容	含义	数值（亿元）	来源
产品	活动	总产出	818859	《2007 年中国投入产出表》总产出合计
	居民	居民消费	96552	《2007 年中国投入产出表》居民消费合计
	其中	农村居民消费	24317	—
		城镇居民消费	72235	—
	政府	政府消费	35191	《2007 年中国投入产出表》政府消费合计
	国外	进出口额	166740	《中国统计年鉴》（2007）
活动	生产活动	总产出	818859	《2007 年中国投入产出表》总产出合计
	资源恢复	资源补偿产出	89.6	余量　相关资料整理
	环境治理	污染物治理产出	1023.42	余量　《中国环境状况公报》（2007）
要素	劳动	劳动投入	28244	《2007 年中国投入产出表》劳动者报酬合计
	资本	资本形成总额	110919	《2007 年中国投入产出表》资本形成总额
	资源	资源投入	552815	《2007 年中国投入产出表》资源总投入合计
居民	要素	劳动者报酬	110047	《2007 年中国投入产出表》劳动者报酬合计
	资源补偿	用于贫困居民补助	—	资源税增量收入乘以返还比例
部门	要素	总利润	117478	余量　固定资产折旧合计加营业利润合计《2007 年中国投入产出表》
	资源补偿	出口退税额	5273	《中国税务年鉴》（2007、2008）
政府	税收	税收收入	49449	《中国税务年鉴》（2007、2008）
	其中	资源税收入	261	《中国税务年鉴》（2007、2008）
储蓄	居民	居民储蓄	175700	《中国统计年鉴》（2007、2008）
	部门	部门储蓄	122751	余量　部门总收入－部门总支出《中国统计年鉴》（2007、2008）
	政府	政府储蓄	1522	余量　政府总收入－政府支出《中国统计年鉴》（2007、2008）
	国外	国外储蓄	21520	《中国统计年鉴》（2007、2008）
国外	产品	进口产品	74020	《2007 中国投入产出表》进口总额
		出口产品	95540	《2007 中国投入产出表》出口总额

4.4.2.3 分解的资源环境SAM表

宏观资源环境SAM表为模型分析提供了一个整体、综合的框架，但如进行资源税政策调整的分析，还需要更加详细的数据。在宏观资源环境SAM表的基础上，本书对其进行分解，并对部分数据做适当调整，作为模型分析的详细基础数据，如表4－5所示。

（1）资源税政策模拟分析模型与投入产出表的部门对应情况。

由于分解的资源环境SAM表主要是以投入产出表为依据，所以在资源税政策模拟分析模型中，首先必须确认资源环境SAM表和投入产出表部门的对应关系，对投入产出表中没有直接对应部门和缺少相关数据的，借鉴联合国产业分类法收集并整理得到资源环境SAM表。资源环境SAM表与投入产出表部门对应关系如表4－6所示。

下面按照SAM表分解的具体办法，分别对宏观资源环境SAM表的行和列根据模型需要按账户进行分解，形成分解的资源环境SAM表。

（2）资源环境SAM表的分解。

资源环境SAM表具体分解过程和结果如下：

1）产品账户。

产品账户的行中存在中间投入的总产出、资源恢复的总产出和环境污染治理的总产出。总产出可以根据相应的统计数据直接获得，在《2007年中国投入产出表》中，可以得到中间投入的总产出合计为818859亿元。资源恢复的总产出和环境污染治理的总产出则没有相关的统计资料，只能通过其他途径获取相关资料并进行转换，采用余量的处理方法，使其成为所需要的数据资料。

对于环境污染治理的产出，本书借鉴庞军（2005）的做法，将年污染治理的运行费用作为污染治理总产出的基数，同时考虑环境污染治理的乘数效用，将环境污染治理的投入转化成经济的总产出。模型假定环境污染治理部门分为废气、废水和工业固体废弃物三个治理子部门。根据《中国环境统计年鉴》(2008)，2007年中国废水排放总量为556.8亿吨，年运行费用为428亿元；

表 4-5　2007 年宏观资源环境 SAM 表

单位：亿元

产品		序列	1	2	3	4	5	6	7	8	9	11	12	13	合计	价值核算
			产品	活动			要素			居民	部门	政府	储蓄	国外		
				生产活动	资源恢复	环境治理	劳动	资本	资源							
		1		818859	90	1023									819972	
活动	生产活动	2	818859				28244	117478	552815						1517396	
	资源恢复	3	90												90	90
	环境治理	4	1023												1023	1023
要素	劳动	5		28244								3185			31429	
	资本	6		117478								9675			122751	
	资源	7		552815								261			553076	553076
居民		8											175700		175700	
部门		9									117478		122751		240229	
政府		10					3185	9675	261				1522		14643	
储蓄		11								175700	122751	1522			299973	
国外		12												74020	74020	
合计			819972	1517396	90	1023	31429	122751	553076	175700	240229	14643	299973	74020		
价值核算					90	1023			553076							

表4-6 资源环境SAM表与投入产出表部门的对应关系

序号	英文代码	模型中部门	对应的投入产出表部门	数量
1	RED	资源开采部门	煤炭开采和洗选业、石油和天然气开采业、金属矿采选业、非金属矿及其他矿采选业	4
2	IND	工业部门	食品制造及烟草加工业，纺织业，纺织服装皮革羽绒及其制品制造业，木材加工及家具制造业，造纸印刷及文教体育用品业，石油加工、炼焦及核燃料加工业，化学工业，非金属矿物制品业，金属冶炼及压延加工业，金属制品业，通用、专用设备制造业，交通运输设备制造业，电气机械及器材制造业，通信设备、计算机及其他电子设备制造业，仪器仪表及文化办公用机械制造业，工艺品及其他制造业，废品废料	17
3	ENG	能源部门	电力、热力的生产和供应业，燃气生产和供应业，水的生产和供应业	3
4	TRA	运输部门	交通运输及仓储业	1
5	AGR	农业部门	农业	1
6	CON	建筑部门	建筑业、房地产业	2
7	SER	服务部门	邮政业，信息传输、计算机服务和软件业，批发和零售业，住宿和餐饮业，金融业，租赁和商务服务业，研究与试验发展业，综合技术服务业，居民服务和其他服务业，教育，卫生、社会保障和社会福利业，文化、体育和娱乐业，公共管理和社会组织	13
8	EPD	环境保护部门	水利、环境和公共设施管理业	1
9	ERD	资源恢复部门	—	1

2007年中国废气排放总量为388169亿立方米，年运行费用为555亿元；工业固体废弃物产生量为175632万吨，同时利用公式：工业固体废弃物治理量=综合利用量+贮存量+处置量，可得到公式：工业固体废弃物治理量=1196.7+

110311 +24119 =135626.7（万吨）。本书借鉴雷明（2000）的方法估算出来1992年全国每吨工业固体废弃物污染治理所需资金为1.35元，考虑到CPI的变动情况，2007年每吨工业固体废弃物污染治理所需资金为1.35×2.21[①] = 2.98（元/吨），可以得到2007年工业固体废弃物污染治理所需资金为135626.7×2.98/10000 =40.42（亿元）。2007年环境污染治理的总产出为1023.42亿元[②]。

对于资源恢复的总产出，一般认为是指通过资源补偿、恢复而形成的新的资源储备量。由于该储备量在当期并不能被使用，只能用于下一期，所以本书采用资源补偿和恢复过程中所收取的资源补偿费来代替，以衡量资源恢复的总产出。根据公式资源补偿费金额=资源销售收入×补偿费费率×开采回收率系数，可以得到资源补偿费金额。由于目前我国只对矿产资源征收资源补偿费，据相关资料统计，2007年全国矿产资源补偿费为89.6亿元，平均补偿费费率为1.18%。

产品账户的列中，存在生产活动和国外等账户，生产活动表现为中间投入的总产出，国外账户表现为产品的进出口额。根据《中国统计年鉴》（2007）可以得到2007年产品的进出口额为166740亿元。

2）活动账户。

活动账户中存在生产活动、资源恢复活动和环境污染治理活动三种子账户。在生产活动的行中，对应于产品账户、居民账户、部门账户和政府账户的分别为总产出、劳动总额、利润总额和税收总额。根据《2007年中国投入产出表》和《中国税务年鉴》（2007）可以得到数值分别为818859亿元、28244亿元、117478亿元和49449亿元；资源恢复活动和环境污染治理互动的行中对应于要素账户和政府账户分别为投入和资源补偿。在活动账户的列中，生产活动、资源恢复活动和环境污染治理活动分别对应要素投入产出总额、资源恢

① 根据《中国统计年鉴》（2007）可以得到，相对于1992年，2007年的物价上升了2.21倍。

② 这里不考虑生活垃圾治理的产出问题。

复投入产出总额和污染治理投入产出总额。根据《2007 年中国投入产出表》可以得到数值分别为 818859 亿元、89. 6 亿元和 1023. 42 亿元。

3）要素账户。

在要素账户行中，存在劳动、资本和资源等子账户，用于生产活动、资源恢复和环境污染治理，分别等于工资、利润和资源投入值。根据《2007 年中国投入产出表》可以得到，2007 年工资总额为 28244 亿元，利润总额为 117478 亿元，资源投入价值为 552815 亿元。

在要素账户列中，分别表现为个人所得税、部门所得税和资源税等相关支出。根据《中国税务年鉴》（2007）可以得到，个人所得税为 3184. 98 亿元，企业所得税为 9674. 93 亿元①，资源税为 261. 25 亿元。

4）居民账户。

在居民账户中分为城镇居民和农村居民两种。

居民账户行表示居民收入，主要包括工资和资源补偿。根据《中国统计年鉴》（2007）可以得到，城镇居民年人均收入为 13786 元；农村居民年人均收入为 4140 元。

居民账户列表示居民消费，根据《中国统计年鉴》（2007）可以得到，城镇居民年人均消费为 9997 元；农村居民年人均消费为 3224 元。

5）部门账户。

部门账户行表示部门扣除支出后的净利润，主要包括利润和政府补贴。根据《中国统计年鉴》（2007）可以得到，部门的利润为 117478 亿元，获得的出口退税额为 5273 亿元，则部门的盈余为 122751 亿元。

部门账户列表示部门总支出，包括劳动支出、资本支出和资源消费支出。根据《2007 年中国投入产出表》可以得到，部门劳动支出为 28244 亿元，资本支出为 110919 亿元，资源消费支出为 552815 亿元。

---

① 其中包含外商投资企业和外国企业所得税 1951. 20 亿元。

6）政府账户。

在政府账户行中，主要指各种政府税收收入，包括所得税、增值税、资源税和排污费收入等相关税费收入。根据《中国税务年鉴》（2007）可以得到，政府财政收入共计 51304.03 亿元，其中对劳动者征收的个人所得税为 3184.98 亿元，对企业征收的税收为 9674.93 亿元，资源税税收为 261.25 亿元。

在政府账户列中是财政支出，2007 年的财政支出为 49781.35 亿元，主要包括各项公共事业、转移支付与政策性补贴等。

7）储蓄账户。

在储蓄账户行中为居民、部门和政府总储蓄额，《中国统计年鉴》(2007）数据显示，居民、部门和政府的储蓄额分别为 175700 亿元、122751 亿元和 1522 亿元。

在储蓄账户列中为居民、部门和政府总投资额，《中国统计年鉴》(2007）数据显示，居民、部门和政府的投资额分别为 175700 亿元、122751 亿元和 1522 亿元。

8）国外账户。

在国外账户行中为进口额，根据《2007 年中国投入产出表》可以得到进口额为 74020 亿元。同理在国外账户列中为出口额，根据《2007 年中国投入产出表》可以得到出口额为 95540 亿元。

4.5　关键参数、闭合规则和求解方法

4.5.1　变量选择和关键参数的确定

4.5.1.1　变量选择

在模型模块和基础数据设定后，还需要确定资源税政策模拟分析模型中外

生变量的取值。主要外生变量包括资源税税率（*TR*）、政府对居民的资源补偿（*Ib*）、政府对部门的资源补偿（*Fb*）、政府对环境系统的资源补偿（*Eb*）和政府对资源系统的资源补偿（*Rb*）。资源税税率（*TR*）变量在资源税政策调整模拟场景中设定，政府对居民的资源补偿（*Ib*）、政府对部门的资源补偿（*Fb*）、政府对环境系统的资源补偿（*Eb*）和政府对资源系统的资源补偿（*Rb*）等变量在资源补偿政策模拟场景中设定。其他相关变量包括汇率、进出口价格等，相对固定。

4.5.1.2 关键参数确定

参数的选择和确定直接影响模型模拟的准确性。资源税政策模拟分析模型中的各种弹性系数（如要素之间的替代系数、需求函数中的弹性系数）和一些关键参数值的选取主要借鉴计量经济学方法和其他 CGE 模型的相关文献确定，其他参数通过对社会核算矩阵进行校准（Calibration）的方法确定。在模型中，生产函数的弹性参数主要由经典统计方法、Bayesian 方法和 GME 方法求得，贸易函数的弹性常采用 GME 方法。需求函数是由居民效用函数推导而得，效用函数的参数常用经典计量经济方法估计。

（1）中间投入系数。

根据经验分析，在相同经济环境下不同类型的行业中间投入产出系数差异不大，为简化分析过程，本书使用平均投入产出系数来代替。根据《2007 年中国投入产出表》中列出的 42 个行业投入产出情况，通过下面公式可以得到各行业平均中间投入系数。

$$\text{平均中间投入系数} = 1 - \sum_{n=1}^{42} TVP_n / TI = 1 - \frac{26604381108722}{81885896197144} = 0.67。$$

（2）收入支出系数。

从收入支出角度看，分为居民收入支出和政府收入支出，其中居民又可以分为城镇居民和农村居民。根据《中国统计年鉴》（2007）和《2007 年中国投入产出表》，得到城镇居民收入支出分别为 81860 亿元和 72235 亿元，农村居民收入支出分别为 30119 亿元和 24317 亿元，政府财政收入支出分别为

51304亿元和35191亿元。可以得到各主体收入支出比例分别为1.1332、1.2587和1.4579。

（3）消费函数的系数。

本书假设需求和消费均衡，即需求等于消费。消费包括政府消费和居民消费两类，其中政府消费指的是政府为提高社会福利而发生的公共性消费支出。根据《2007年中国投入产出表》，可以得到居民消费为96553亿元，其中城镇居民消费为72235亿元；农村居民消费为24317亿元；政府消费为35191亿元。结合历年各主体的资源消费情况，可以看到消费比例基本维持在5∶3∶2，这与程凌的分析结果基本一致。

消费者效用函数为：

$$U = u_1^{0.5} u_2^{0.3} u_3^{0.2}$$

其中，消费系数分别为0.5、0.3和0.2。

（4）资本弹性系数和人均资源使用量弹性系数。

由于本书采用“凯恩斯闭合”规则，放弃了劳动均衡的条件约束，故在生产函数中不考虑劳动的产出系数，仅通过计量经济学估算方程分析资本弹性系数。

估算方程为：

$$\ln(Q) = \beta\ln(K) + \gamma\ln(R) \tag{4-27}$$

我们借鉴郭庆旺对资本存量的研究思路，采用永续盘存法来计算资本存量数据，并通过固定资产投资价格指数进行修正。

永续盘存法公式为：

$$K(t) = (1-d)K(t-1) + I(t)/P(t) \tag{4-28}$$

其中，K为资本存量，d为折旧率，I为名义投资，P为固定资产投资价格指数，t为时间。

根据《中国统计年鉴》（2007）可以得到，固定资产投资额为12537亿元，固定资产投资价格指数为104；在折旧率确定方面，顾六宝认为我国1978

年以后资本折旧率为5%左右，王金营认为1978年以后资本折旧率为5%～5.5%。结合国内外相关研究，本书将折旧率设为5%估算出资本存量和人均资本存量。

在资源使用量方面，根据《2007年中国投入产出表》可以获得资源投入总量为33.8204万亿元，结合2007年我国常住人口数13.2129亿，可以得到人均资源使用量为2.5596万元。

进行回归分析，得到：

$$\ln(Q)=0.3587\ln(K)+0.5746\ln(R)$$

$R^2=0.9707$，通过5%的显著性水平检验，参数结果合理。

由以上分析结果可以看到，人均资本弹性系数为0.3587，人均资源使用量弹性系数为0.5746，体现资源对社会经济的贡献，同时反映了经济发展过度依赖资源投入。

（5）资源消耗系数。

本书使用生态足迹来分析资源的消耗情况，将生态生产性空间分为土地、水域、居民及工矿用地和建筑用地；将资源分为生态足迹供给指标、生态足迹需求指标、资源压力指标和单位GDP的资源效率四类。根据生态足迹理论，生态足迹分为以下指标：

第一，生态足迹供给指标。该指标反映资源的供给状况，在不同类型生态足迹供应量的基础上，分析资源的总体供给情况。其方程为：

$$ES = N \times ef = N\sum aa_i = N\sum \frac{c_i}{p_i} \tag{4-29}$$

其中，ES为总生态足迹，ef为人均生态足迹，a_i为人均生物生产面积，i为消费资源和投入的类型，p_i为i种消费资源的年均产量，c_i为i种资源的人均消费量，aa_i为人均i种资源折算的生物生产面积。

第二，生态足迹需求指标。该指标主要反映资源的需求状况，通过将不同类型的生态足迹累计可以得到总体生态足迹，反映资源的总体需求状况。其方

程为:

$$EF = \gamma_1 A_1 + \gamma_2 A_2 + \gamma_3 A_3 + \gamma_4 A_4 \tag{4-30}$$

其中，EF 为生态足迹需求，A_1、A_2、A_3 和 A_4 分别为土地足迹、水域足迹、居民及工矿用地足迹和建筑用地足迹，γ_1、γ_2、γ_3 和 γ_4 分别为土地、水域、居民及工矿用地和建筑用地的均衡因子。

第三，资源压力指标。该指标主要反映生态足迹的压力状况，即资源的生态安全程度，通过资源压力指标可以有效地分析资源的供给和需求的关系。其方程为:

$$H = \frac{EF}{ES} \tag{4-31}$$

其中，H 为资源压力指标，ES 为生态足迹供给，EF 为生态足迹需求。

第四，单位 GDP 的资源效率。该指标主要反映资源的利用效率和程度，该指标越高则表明资源利用效率越低；反之，表明资源利用效率越高。其方程为:

$$GE = \frac{ES}{GDP} \tag{4-32}$$

其中，GE 为单位 GDP 的资源利用效率，GDP 为国内生产总值，ES 为资源供给量。

根据《2007 年中国水资源调查公布》和《2007 年中国国土资源调查公布》的数据，通过计算可以得到各种用地人均资源赤字分别为 -0.87 公顷/人、-0.2公顷/人、-0.08 公顷/人和 -0.15 公顷/人；各种用地人均资源压力系数分别为 1.73、6、1.29 和 0.07；单位 GDP 资源利用效率分别为 0.69、0.02、0.19 和 0.01。

（6）环境系统系数。

根据国内研究成果和实践经验，资源消耗、GDP 增长和主要污染物排放量存在极强的相关性。本书选取废水、废气和工业固体废弃物作为环境系统的主要污染物，同时借鉴陈东景（2008）的研究方法和成果，将废水、废气和工业固体废弃物与 GDP 增长的相关系数分别取为 -0.4087、-0.5052 和 -0.2758，同时将废水、废气和工业固体废弃物的权重分别定义为 0.1425、0.7311 和 0.1264，则可以得到环境系统的系数为 -0.3237。

4.5.2 闭合规则和模型动态化

4.5.2.1 模型闭合规则的选择

资源税政策模拟分析模型是建立在局部均衡基础上的一般均衡，既指包含生产、消费等在内众多模块的局部均衡，也指资源、经济和环境等系统的整体均衡。但在局部均衡时，未必能得到整体均衡解。森（1963）提出，在经济体系中，即使满足就业市场均衡、投资市场均衡、要素市场均衡以及消费市场均衡等条件，投资和储蓄未必能达到一般整体均衡。Decaluwé（1986）也证明，按一般均衡理论建立的经济模型必然存在过度识别的问题，在消费水平固定的情况下，要同时实现充分就业和有效收入分配是不现实的，为保证一般整体均衡，必须去掉一些约束条件。

为保证 CGE 模型解的唯一性，必须去掉一部分均衡约束条件，在这种情况下，CGE 模型必须解决宏观均衡和微观均衡如何相互衔接和相互联系的问题，即模型的闭合问题。闭合是指 CGE 模型求解所需外生变量的确定及参数值，变量选择和模型衔接的选择，反映微观市场和宏观行为的不同假设。国外学者 Taylor 和 Lysy（1979）、Rattso（1982）、Dervis 等（1982）、Enrique Ganuza 等（2004）等分别从不同角度分析闭合对模型的影响，研究闭合问题产生的原因以及消除闭合问题的方法，认为闭合是对模型做出假设后产生的，通过引入一些因素就可以消除闭合问题，即消除模型的过多识别问题。

Sherman Robinson（1998）将 CGE 模型闭合规则分为新古典闭合规则（Neoclassical Closure）、金汉森闭合规则（Johansen Closure）、凯恩斯闭合规则（Keynes Closure）和科尔多闭合规则（Kaldorian Closure）四种，是 CGE 模型的构建者主要使用的几种经典闭合规则。由于闭合规则对模型一般均衡、模型求解和模拟政策分析有重要影响，闭合规则的选择不同将影响 CGE 模型的模拟结果；当选择的闭合规则不同，政策模拟结果区别较大，恰当的闭合规则对政策模拟结果具有重要意义。在闭合规则的选择过程中，新古典学派的经济学家多选择使用新古典闭合定义模块中各主体关系，将投资定义为内生变量，通过利率调节实现储蓄和投资均衡；而凯恩斯学派的经济学家多选择使用凯恩斯闭合定义模块中各主体关系，牺牲某些要素的均衡优化条件，通过价格调节实现储蓄和投资均衡。

在前人研究的基础上，经过闭合规则比较分析后，本书根据资源税政策模拟分析模型的要求，选择闭合规则，消除模型的过度识别问题。模型采用的闭合规则是凯恩斯闭合规则（Keynes Closure）。本书放弃了劳动力市场与商品市场同时达到均衡的约束条件，假设汇率相对稳定，将资源税税负调整定义为外生变量，国外储蓄定义为内生变量，通过资源税税率调整改变资源的实际价格，直接影响产品的生产成本，导致部门利润率和劳动工资率发生变化，进一步影响到劳动力供给、收入及储蓄投资等因素，使产品的进出口发生相应变化，调整劳动者和政府的收入和储蓄，实现微观市场出清，达到投资与储蓄均衡的目的。

4.5.2.2　模型的动态化：资源税政策调整方案的引入

资源税政策模拟分析模型的动态化是指在研究资源税政策调整时，在静态资源税政策模拟分析模型均衡的基础上，充分考虑时间因素的影响，通过资源税政策调整因素来反映资源税政策模拟分析模型的动态变化过程。

在资源税政策模拟分析模型的动态化方面，本书借鉴王腊芳（2008）的做法，增加资源税调整动态化过程，通过对比分析法，将资源税政策调整前后的社会经济运行和资源环境等系统的相关指标的变化情况进行对比，并将资源税政策调整对资源、经济和环境系统的长期影响进行模拟，实现资源税政策模拟分析模型的动态化。资源税政策模拟分析模型通过引入资源税税率调整将模型动态化，在生产要素使用方面，将资源作为一个独立于劳动、资本之外的生产要素，和生产使用成本紧密挂钩，使资源价格成为体现资源价值的市场价格信号。

资源税政策模拟分析模型中资源税税负调整不仅反映在资源税税率的调整上，更反映在资源价格的变化上，资源价格变化是资源税税负调整的直接体现。资源税税收总收入由资源价格和资源总量共同决定，而资源价格受资源税税率影响，资源总量取决于本期资源存量和上一期的资源恢复量。资源税调整方程为：

$$QT(t) = (\sum ERE(t-1) + \sum QR(t))\omega T \quad (4-33)$$

其中，$QT(t)$ 为资源税税收总额，$ERE(t-1)$ 为上一期资源恢复量，$QR(t)$为本期资源存量，ω 为资源开采利用程度，T 为资源税税负水平，t 为本期时间，$t-1$ 为上一期时间，当资源模块均衡时，资源消耗量就等于资源恢复量。这里，本书通过拉弗曲线（Laffer Curve）来描述资源税税率调整的动态过程。

资源税拉弗曲线是描述税收收入与资源税税率关系的曲线。一般情况下，资源税税率越高，政府资源税税收就越多，但当资源税税率提高超过一定的限度时，会导致生产成本提高，生产积极性降低，投资减少，反而会导致政府资源税税收总额的减少。如图 4－11 所示，L 为资源税拉弗曲线，为开口向下的倒“U”形凸曲线。在拉弗曲线中，资源税税收总额由资源税税率决定，当资源税税率为零时，资源税税收总额也为零；当资源税税率为 b 时，资源税税收总额达到最大；当资源税税率超过 a 时，资源税税收总额开始下降。在这里，有必要指出的是资源税税率并非越高越好，税率设置必须在社会可承受的范围之内。S 为社会承受曲线，当资源税税率提高时，资源价格上升，生产成本增加，导致社会总产出减少，社会承受压力加大，当资源税税率提高到 a 时，生产积极性会大大下降，社会承受能力达到极限，如继续提高税率，则会超过社会承受能力，不利于社会可持续发展。

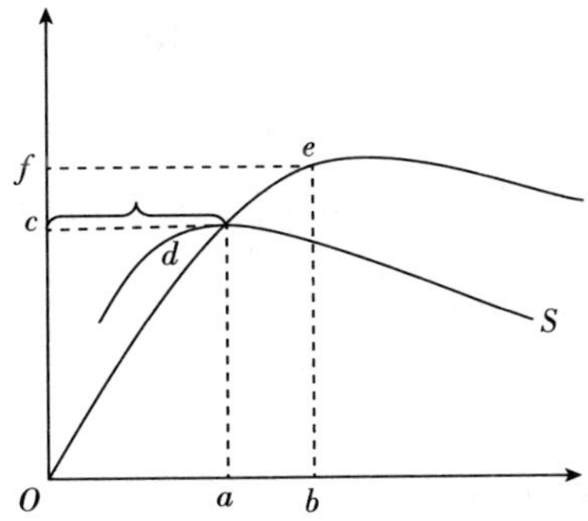

图 4－11　资源税政策调整的动态化过程

从以上分析可以得到以下基本结论：当资源税税率在［0，a］时，此时可以增加资源税税收收入，减少资源消耗，同时也在社会可承受范围内；当资源税税率在［a，b］时，虽然资源税税收收入会持续增加，但资源税税率已超过社会可承受范围，社会生活受到极大影响；资源税税率超过 b 时，资源税税收收入反而下降，为税收禁区。

4.5.2.3　资源补偿的动态变化

由于资源税税率提高会产生税收抑制效应，不利于社会经济发展，因此政府必须对受影响的部门和居民进行适当的资源补偿，逐步减轻资源税税率调整对社会经济的负面冲击效应。资源补偿具有灵活多变的特征，对受资源税政策调整影响的不同部门，资源补偿差异程度较大，模型在处理这些差异时，根据受资源税影响程度给予不同的资源补偿，从另一方面将资源税政策调整的冲击效果逐步调整，并重点补贴资源系统和环境系统，进行资源补偿恢复和环境污染治理。

资源补偿的方程为：

$$B = \sum Ibr_1 + \sum Fbr_2 + \sum Ebr_3 + \sum Rbr_4 \qquad (4-34)$$

$$\text{s.t.} \begin{cases} Ib = \sum_{m=1}^{2} ibr_{1m} \\ Fb = \sum_{n=1}^{42} fbr_{1n} \end{cases}$$

其中，B 为资源补偿总额，Ib 为居民得到的资源补偿额，Fb 为部门得到的资源补偿额，Eb 为环境系统得到的资源补偿额，Rb 为资源系统得到的资源补偿额，r_1、r_2、r_3、r_4 分别为居民、部门、环境系统和资源系统受资源税政策调整的影响系数，r_{1m} 为城镇居民和农村居民不同的受影响系数，r_{1n} 为《2007 年中国投入产出表》中 42 个部门受影响系数。

4.5.3 模型的求解方法

4.5.3.1 模型的求解思路

在确定资源税政策模拟分析模型的闭合规则后，需要对模型进行求解。CGE 模型的求解方法主要有以下几种：第一，不动点算法求解技术，代表人物有 Scarf、Shoven 和 Walley 等。Scarf 和 Hansen（1973）首先使用具有全局收敛性的不动点算法求解 CGE 模型，在此之后，不动点算法被广泛用于求解发达国家的 CGE 模型。第二，非线性方程的数值求解技术，Adelman 和 Robinson（1978）等应用非线性方程的数值求解技术求解 CGE 模型。该算法的代表人物 Adelman、Robinson、Ginsburgh 和 Dervis 等被称为世界银行学派，利用水平值求解技术可以重生成基准数据，在变量变化幅度较大的情况下，计算结果较为准确（Ginsburgh，1997）。第三，线性化求解技术，Johansen（1960）和 Dixon 等（1986）等将 CGE 模型方程线性化，通过其逆矩阵求解。线性化求解技术代表人物 Johansen、Vincent 和 Dixon 等被称为 Johansen 学派，线性化求解技术简单易行，被广泛应用于 CGE 模型求解。第四，其他方法，如 Ginsburgh 等（1981）构建非线性规划模型，通过影子价格来解释市场价格。这些方法为 CGE 模型的求解提供了方法论基础，本书采用非线性方程的数值求解技术，通过计算机求解程序对资源税政策模拟分析模型进行求解。

4.5.3.2 模型的求解程序

随着计算机技术快速发展，CGE 模型求解也不断发展，功能强大的计算程序使超大规模的 CGE 模型求解成为可能。开发并被广泛使用的软件有通用数据建模系统（Generalized Algebraic Modeling System，GAMS）、一般均衡建模工具包（General Equilibrium Modeling PACK，GEMPACK）和一般均衡数学编程系统（Mathematical Programming System for General Equilibrium，MPSGE）、社会核算工具包（A Social Accounting Package，ASAP）、Excel、GAUSS、SAS、EViews 等。这些软件的开发使 CGE 模型求解不再困难，建模者不需要对计算程序算法非常熟悉，可以将更多的精力放在模型的构建和数据的选择上。

本书在分析资源税政策调整分析中，选用通用数据建模系统（GAMS）作为模型的求解程序。对于大规模的可计算一般均衡模型计算求解，GAMS 程序是非常实用和便捷的求解工具。GAMS 程序是一款由世界银行开发并推广应用的计算程序，是截至目前应用最广泛的 CGE 模型求解工具；同时 GAMS 程序的重要优势在于使用一种非常简单易学的建模语言，通过它的代数语言为模型构建者提供了一个设定方程的简洁方法（Robinson 等，1993）；与此同时，GAMS 程序具有较好的错误检查能力，可以比较系统地输出模拟结果文件，更便于模型构建者做出有效分析和判断。在模型求解实现过程中，本书采用的 GAMS 程序的主要步骤如图 4 - 12 所示。

在本书中，GAMS 程序的实现过程主要包括：第一，定义集合，即定义生产部门、消费部门、进出口部门、收入支出部门、资源部门和环境部门等相关部门，集合对应于模型中的参量和变量下标；第二，定义模型中的各种参数，包括变量初始参数、弹性系数和其他相关参数；第三，对参数进行校准，包括对参数之间的相互关系进行检验等；第四，列出模型变量，并对变量的初始值进行定义；第五，输入基准年的社会核算矩阵，并校准方程和变量的初始值；第六，定义和输入模型的方程，在程序中形成方程的具体形式；第七，确定模型的闭合规则和外生变量，并将外生变量值固定；第八，通过求解器对模型进行求解，如出现语法错误，则代码进行修改，修改后代码编译成功，同时通过齐次性检验和一致性检验后，进行政策模拟；第九，输出计算结果，模型求解完成。

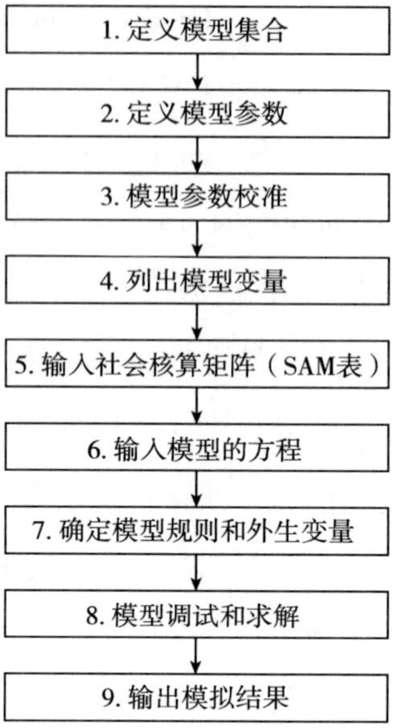

图 4－12　GAMS 程序的求解过程

4.6　本章小结

在第 3 章资源税政策调整中主体行为和相关因素分析的基础上，本章基于可计算一般均衡理论构建了资源税政策模拟分析模型。第 4 章的研究为第 5 章资源税政策调整模拟分析和评价奠定模型基础。

在本章中，本书首先提出了模型构建的基本思路、基本假设和构建步骤，在此基础上分析模型的主要结构；其次本章通过相关模块开始构建模型的逻辑框架，分别设计基本模块（生产模块、需求模块、价格模块、进出口模块和收入支出模块等）、资源模块、环境模块和均衡模块等相关模块，并将资源和环境因素纳入模型中，在对相关模块进行描述和结构分析后，给出相关模块的函数方程；再次对社会核算矩阵进行相应扩展，将资源和环境等相关因素纳入基础数据中，实现模块和基础数据的对应；最后确定资源税模拟分析模型中的关键参数、闭合规程、模型的动态化和模型求解方法，在相关参数确定后，本书采用凯恩斯闭合规则，完成资源税政策模拟分析模型构建，并选择 GAMS 程序作为模型的求解程序，为下章资源税政策调整模拟分析奠定了模型基础。

第 5 章

资源税改革模拟分析和路径选择

在第 4 章资源税政策模拟分析模型的基础上，第 5 章将利用 GAMS 软件对资源税政策调整方案进行模拟，分别模拟分析资源税税率调整和资源补偿给社会经济、资源和环境等系统带来的影响，并提出相关政策建议。

5.1　基准模拟场景设定

在利用资源税政策模拟分析模型进行政策模拟时，必须首先设定基准模拟场景，即在现有资源税政策情况下，描述社会经济、资源和环境等系统的状况，作为资源税政策调整分析的基础。

5.1.1　社会经济、资源和环境系统的基准情景设定

5.1.1.1　社会经济系统的基准情景设定

在基准经济系统设定上，本书通过社会经济运行和发展的历史变动情况来推算没有进行资源税政策调整下的经济运行和变化情况，在经济运行历史数据描述的基础上，对经济系统的发展进行预测。本书通过 2000 ~ 2007 年的 GDP、工业增加值、固定资产投资和进出口等相关经济发展指标，反映在没有进行资源税政策调整的情况下，即在现有资源价格水平下经济系统运行和发展态势。

我国经济系统的具体情况如表 5 –1 所示。

表 5 –1　2000～2007 年经济发展状况

指标 \ 年份		2000	2001	2002	2003	2004	2005	2006	2007	年均增速（%）
GDP（亿元）		89404	95933	102398	116694	136515	182321	209407	246619	13. 52
工业增加值（亿元）		39570	42607	45935	53612	70073	76190	90351	107367	13. 29
固定资产投资（亿元）		32619	36898	43202	55118	62815	88604	109870	137239	19. 67
税收收入（亿元）		12660	15157	17004	20450	25718	30866	37636	49449	18. 57
价格指数（%）		0. 4	0. 7	–0. 8	1. 2	3. 9	1. 8	1. 5	4. 8	—
进出口（亿美元）		4743	5098	6208	8512	11548	14221	17607	21738	20. 96
收入（元）	农村	2253	2366	2476	2622	2936	3255	3587	4140	7. 90
	城镇	6280	6860	7703	8472	9422	10493	11759	13786	10. 33

根据《2007 年中国投入产出表》可以得到主要部门总产出和资源直接消耗系数，通过这两个指标反映主要部门总产出和资源消耗情况，具体如表 5 –2 所示。

表 5 –2　2007 年主要部门的总产出和资源直接消耗系数

序号	部门	具体行业	数值（亿元）	资源直接消耗系数
1	农业部门	农林牧渔业	48893	0. 041941
2	开采部门	煤炭开采和洗选业	9645	0. 011747
		石油和天然气开采业	9535	0. 018518
		金属矿采选业	6149	0. 012174
		非金属矿及其他矿采选业	3852	0. 004911
3	工业部门	食品制造及烟草加工业	41790	0. 026944
		纺织业	25197	0. 021975
		纺织服装皮革羽绒及其制品制造业	18073	0. 007938
		木材加工及家具制造业	10994	0. 009016
		造纸印刷及文教体育用品业	14933	0. 016170
		石油加工、炼焦及核燃料加工业	21075	0. 026670

续表

序号	部门	具体行业	数值（亿元）	资源直接消耗系数
3	工业部门	化学工业	61998	0.075186
		非金属矿物制品业	22804	0.026782
		金属冶炼及压延加工业	61096	0.075212
		金属制品业	17705	0.016906
		通用、专用设备制造业	39487	0.030691
		交通运输设备制造业	32978	0.022723
		电气机械及器材制造业	27155	0.021042
		通信设备、计算机及其他电子设备制造业	41190	0.035712
		仪器仪表及文化办公用机械制造业	4880	0.005252
		工艺品及其他制造业	6183	0.003095
4	能源部门	电力、热力的生产和供应业	31486	0.006783
		燃气生产和供应业	1108	0.037023
		水的生产和供应业	1179	0.000890
5	建筑部门	建筑业	62722	0.001083
		房地产业	14775	0.017776
6	运输部门	交通运输及仓储业	31700	0.002442
7	服务部门	邮政业	731	0.029889
		信息传输、计算机服务和软件业	10030	0.000789
		批发和零售业	28833	0.006736
		住宿和餐饮业	14815	0.017968
		金融业	19481	0.010387
		租赁和商务服务业	11785	0.004493
		研究与试验发展业	1379	0.011206
		综合技术服务业	4397	0.001641
		居民服务和其他服务业	8754	0.003965
		教育	13066	0.000823
		卫生、社会保障和社会福利业	11123	0.005297
		文化、体育和娱乐业	3541	0.001576
		公共管理和社会组织	15818	0.001295
8	环境保护部门	水利、环境和公共设施管理业	2158	0.002270

5.1.1.2　资源系统的基准情景设定

在资源系统的基准情景设定中，本书主要使用生态足迹分析法来研究资源的消耗情况。生态足迹分析法是定量分析资源和环境等可持续发展状况，评价资源消耗和环境生态承载力的有效方法，该方法通过计算维持人类生存和发展的自然资源消费量和人类消费产生的废弃物所需要的生态生产性空间面积大小，并与给定人口区域的承载力进行比较，来衡量区域的可持续发展状况。对应于《2007 年中国投入产出表》的 42 个部门，本书将生态生产性空间分为土地、水域、居民及工矿用地和建筑用地四类，通过这四类生态足迹来分析资源消耗的情况。

本书以 2007 年的数据为基础，计算资源消耗量，其中生态足迹计算的基础数据主要来自《2007 年中国水资源调查公布》《2007 年中国国土资源调查公布》《中华人民共和国国务院公报》（2007），可以得到表 5－3 和表 5－4。

表 5－3　2007 年生态生产型土地使用及人口和经济状况

生产土地（万公顷）	水域土地（亿立方米）	居民及工矿用地（万公顷）	建筑用地（万公顷）	人口（万人）	GDP（亿元）
63163	25255	8500	3272	132129	249530

表 5－4　2007 年资源消耗和利用情况　　单位：公顷/人

指标	生产土地	水域土地	居民及工矿用地	建筑用地
人均资源供给量	1.19	0.04	0.28	0.16
人均资源需求量	2.06	0.24	0.36	0.01
人均资源赤字/盈余	－0.87	－0.20	－0.08	－0.15
人均资源压力系数	1.73	6.00	1.29	0.07
单位 GDP 的资源效率	0.69	0.02	0.19	0.01

5.1.1.3　环境系统的基准情景设定

环境系统受经济和资源系统的影响主要体现在规模效应、结构效应和管制效应三个方面。经济规模增长导致资源消费规模发生相应变化，规模急剧扩大会加速资源消耗，导致污染排放加剧，对环境系统形成压力；经济结构调整使资源消费结构方式变化，进而传导到环境系统，引导环境系统变化；无论是规模变化还是结构调整都是在管制政策下产生的管制效应。本书认为资源税调整政策效应为资源税政策调整效应，对环境系统的影响体现在主要污染物排放和环境污染治理等方面。

在环境系统的基准设定上，我们选用废水、废气和工业固体废弃物三种主要污染物的排放和治理作为环境系统的初始值，通过分析年均增长来判断主要污染物排放和治理的趋势。在主要污染物排放上，废水排放以年均9.32%增长，废气排放以年均4.45%增长，工业固体废弃物排放以年均4.45%增长；同时，用于废水、废气和工业固体废弃物排放的治理资金分别以3.73%、3.73%和2.12%的速度增长，详细情况如表5－5和表5－6所示。

表5－5　2000～2007年主要污染物排放状况　　单位：亿吨，%

指标＼年份	2000	2001	2002	2003	2004	2005	2006	2007	年均增长
废水排放总量	415	433	439	459	482	526	537	557	9.32
废气排放总量	138145	160863	175257	198906	237696	268988	330990	388169	4.45
工业固体废弃物排放总量	81608	88840	94509	100428	120030	134449	151541	175632	5.81

资料来源：《中国统计年鉴》（2000～2007）。

5.1.2　模型基期模式设定

本书采用比较静态分析方法对资源税政策调整方案进行研究。模型假设生产技术、资本存量等在分析时保持相对稳定，分析资源税政策调整时，均衡解是从一个位置移动到另一个位置的变化，而不考虑其中的转化过程，即只对资源税政策模拟分析模型中的变量结果进行分析，而不考虑变量的变化路径（萨缪尔森，1990）。一般认为，在可计算一般均衡模型中使用比较静态分析方法适用于中期模拟，本书通过比较静态分析进行中期模拟，模拟时间跨度为2012～2018年，并分别选取2012年、2015年和2018年作为资源税政策调整的模拟年份。

表5－6　2000～2007年环境治理投入资金　　单位：亿元，%

指标	年份	2000	2001	2002	2003	2004	2005	2006	2007	年均增长
投入资金（亿元）		1010	1107	1367	1628	1910	2388	2566	3387	3.73
其中	废水治理投入	136	196	181	197	245	277	389	428	3.97
	废气治理投入	94	111	147	151	214	267	464	555	2.12
	工业固体废弃物治理投入	311	345	386	441	573	756	1027	1351	2.88
占GDP的比重（%）		1.13	1.15	1.33	1.40	1.40	1.31	1.23	1.37	—

资料来源：《中国环境统计年鉴》（2000～2007）。

在设定基准模拟场景的基础上，本书设定资源税政策调整场景，分别将资源税税率调整政策和资源补偿政策情景输入资源税政策模拟分析模型中进行运算，模拟分析资源税政策调整的影响。

5.2　资源税政策调整的模拟分析

5.2.1　资源税调整政策模拟场景设定

2005年，国务院按照资源税改革“两步走”的思路实施资源税政策调整，第一步，在现行条例框架内提高资源税税额，即提高资源从量税税额；第二步，对现行条例进行修改，改变资源税征收方式，扩大资源税征收范围。

2007 年 8 月，资源税改革方案开始正式进入国家决策层面范围。但在 2008 年，由于国际金融危机的影响，初级产品价格大幅攀升，资源税改革方案暂时搁置。为应对金融危机，我国采取了一系列减税措施，在扩大内需的同时，也使得财政减收较快。

2009 年后，专家们纷纷呼吁加快资源税改革步伐，提高资源税税负水平，增加资源地财政收入，增强地方政府提供公共产品和公共服务的能力，同时在一定程度上缓解财政减收带来的支出困难，促进经济的健康发展。

2010 年 6 月国务院出台《新疆原油天然气资源税改革若干问题的规定》，将原油、天然气等资源税由从量计征改为从价计征，征税税率为 5%。

在资源税政策调整的大背景下，本书设定资源税政策模拟场景，分别包括资源税税率调整场景和资源补偿政策场景。

第一，资源税税率调整场景设定。结合我国专家资源税税率的预期和发达国家采用的资源税税率，本书将资源税税率调整范围设置在三个区间内，分别为（3%，5%）、（5%，7%）和（7%，9%）。为简化分析，分别取资源税税率区间的中间值作为资源税税率，即资源税 1、资源税 2 和资源税 3 分别为 4%、6% 和 8%。

第二，资源补偿政策场景设定。根据我国国情和国际经验，本书采用资源价值补偿方式（即资源的货币补偿）进行补偿，将资源税政策调整中的资源补偿标准定为资源收入的 2%①进行模拟分析。

5.2.2　资源税税率调整的模拟分析

5.2.2.1　资源税税率调整对经济的影响分析

（1）对宏观经济影响分析。

如表 5－7 所示，资源税税率提高会对宏观经济产生一系列冲击，可以看

① 由于我国目前矿产资源补偿费占资源收入的比例约为 2%，故本书选择 2% 作为资源补偿标准。

到 GDP、总产出、总消费和总出口等会有不同程度的下降，而总储蓄、总投资和总进口等宏观经济指标会有较大幅度的提高。

资源税政策调整的冲击效果主要体现在以下几个方面：

第一，资源税税率提高对 GDP 的负面影响不明显。资源税税率为 4% 时对 GDP 的影响程度最小，而资源税税率为 8% 时对 GDP 的影响程度最大。2012～2018 年，资源税税率提高对 GDP 的影响作用逐渐降低，其主要原因在于 GDP 主要受投资、消费和进出口等因素影响。由表 5－7 可知，总产出、总消费和总出口等呈下降趋势，仅总投资上升，因此 GDP 增长会受到影响。

第二，资源税税率提高会导致总产出下降。资源税税率提高使资源使用成本增加，而生产成本提高会导致利润率降低，在一定程度上减少生产；同时资源税使用成本增加会抑制部分消费，降低消费总需求，从另一方面减少了总产出。从经济学理论看，总需求和总产出存在一定的线性关系，但在对市场的反应上，社会的需求要大于生产，如表 5－7 所示，资源税税率为 8% 时对总产出和总需求影响最大，但总需求的变化幅度要大于总产出的程度。

表 5－7　资源税税率提高对宏观经济指标影响程度　　单位：%

指标	资源税 1（4%）			资源税 2（6%）			资源税 3（8%）		
	2012 年	2015 年	2018 年	2012 年	2015 年	2018 年	2012 年	2015 年	2018 年
GDP	－0.08	－0.05	－0.04	－0.12	0.08	－0.07	－0.16	－0.11	－0.08
总产出	－0.16	－0.13	－0.12	－0.22	0.20	－0.17	－0.29	－0.22	－0.15
总消费	－0.18	－0.16	－0.13	－0.25	0.22	－0.19	－0.33	－0.27	－0.20
总储蓄	1.27	1.23	1.17	1.49	1.35	1.28	1.19	1.12	1.08
总投资	2.27	2.23	2.17	2.35	2.47	2.63	2.17	2.12	2.08
总进口	1.28	1.19	1.11	1.47	1.43	1.37	1.68	1.52	1.38
总出口	－0.48	－0.36	－0.33	－0.65	0.52	－0.49	－0.83	－0.67	－0.55

资料来源：由模拟结果整理获得。下同。

第三，资源税税率提高会导致总储蓄和总投资增加。资源税政策调整主要通过改变消费倾向来影响储蓄，对居民和部门来说，资源税税率提高会增加资源使用成本，同时资源税会产生收入效用和替代效用（详细分析见资源税税收总额）；对政府储蓄而言，资源税税收会转化为政府储蓄。当资源税税率为6%时，总储蓄达到最大，与之对应的总投资也会发生相应变化，从 2012 年到 2018 年，资源税税率提高对总储蓄和总投资的影响逐渐减弱。

第四，资源税税率提高使总进口增加，总出口减少。由于资源使用成本增加，改变资源廉价使用的状况，相应提高了产品的价格，减少了国内产成品的价格优势，使总出口小幅减少，而同时会导致总进口的增加。

（2）对部门的影响分析。

资源税税率提高对部门的影响主要体现在对部门总产出水平、产出的价格水平和部门资源需求等方面。

1）对部门总产出水平的影响。

如表 5－8 所示，除了能源部门中的电力、热力的生产和供应业，燃气生产和供应业以及水的生产和供应业；环境保护部门中的水利、环境和公共设施管理业外，其他部门中的总产出水平都不同程度地下降。其中受影响程度较大的分别是开采部门中的煤炭开采和洗选业、石油和天然气开采业；工业部门中的石油加工、炼焦及核燃料加工业，化学工业，金属制品业和工艺品及其他制造业；建筑部门中的建筑业；运输部门中的交通运输及仓储业；服务部门中的邮政业，其中下降幅度最大的是煤炭开采和洗选业，当资源税税率为 8% 时，总产出水平下降超过 10 个百分点。这些部门大多位于经济产业的上游，直接受资源税政策调整的冲击，同时较弱的税负转嫁能力使部门自身承受了资源税税率提高的压力。

而能源部门中电力、热力的生产和供应业，燃气生产和供应业，水的生产和供应业等部门的税负转嫁能力较强，同时能源需求存在较大刚性，使得这些部门的总产出水平有所上升，其中电力、热力的生产和供应业的总产出水平上涨幅度最大。环境部门中的水利、环境和公共设施管理业的总产出水平略有上涨，主要原因在于资源税政策调整后的资源价格上升使资源消费减少，进而使资源和环境系统的压力降低，使其总产出水平上升。资源税税率调整对各部门总产出的具体变化情况如表5-8所示。

表5-8　资源税税率调整对总产出影响程度　　单位：%

部门	具体行业	资源税1	资源税2	资源税3
农业部门	农林牧渔业	-2.07	-4.11	-6.53
开采部门	煤炭开采和洗选业	-6.17	-9.65	-11.08
	石油和天然气开采业	-2.33	-3.96	-4.12
	金属矿采选业	-1.07	-1.81	-2.13
	非金属矿及其他矿采选业	-0.87	-1.34	-1.68
工业部门	食品制造及烟草加工业	-0.01	-0.02	-0.05
	纺织业	-0.02	-0.03	-0.06
	纺织服装皮革羽绒及其制品制造业	-0.01	-0.03	-0.05
	木材加工及家具制造业	-1.26	-2.11	-2.83
	造纸印刷及文教体育用品	-1.17	-2.42	-3.42
	石油加工、炼焦及核燃料加工业	-3.37	-4.13	-5.22
	化学工业	-2.07	-3.32	-4.03
	非金属矿物制品业	-1.05	-2.21	-2.55
	金属冶炼及压延加工业	-1.07	-1.78	-2.07
	金属制品业	-2.04	-2.49	-3.08
工业部门	通用、专用设备制造业	-0.17	-0.30	-0.43
	交通运输设备制造业	-0.87	-1.41	-1.98
	电气机械及器材制造业	-0.02	-0.03	-0.06
	通信设备、计算机及其他电子设备制造业	-0.47	-0.78	-1.10
	仪器仪表及文化办公用机械制造业	-0.06	-0.21	-0.37
	工艺品及其他制造业	-2.17	-4.08	-4.93
能源部门	电力、热力的生产和供应业	1.13	1.62	1.87
	燃气生产和供应业	1.11	1.25	1.83
	水的生产和供应业	0.07	0.12	0.23

续表

部门	具体行业	资源税 1	资源税 2	资源税 3
建筑部门	建筑业	-4.11	-6.21	-7.35
	房地产业	-0.43	-0.61	-0.88
运输部门	交通运输及仓储业	-5.09	-8.67	-10.35
服务部门	邮政业	-3.21	-5.65	-7.73
	信息传输、计算机服务和软件业	-0.01	-0.02	-0.02
	批发和零售业	-0.03	-0.06	-0.07
	住宿和餐饮业	-0.44	-0.73	-1.04
	金融业	-0.06	-0.10	-0.13
	租赁和商务服务业	-0.03	-0.04	-0.07
	研究与试验发展业	-0.01	-0.02	-0.04
	综合技术服务业	-0.01	-0.02	-0.03
	居民服务和其他服务业	-0.02	-0.04	-0.06
	教育	-0.01	-0.03	-0.04
	卫生、社会保障和社会福利业	-0.02	-0.05	-0.07
	文化、体育和娱乐业	-0.01	-0.02	-0.03
	公共管理和社会组织	-0.01	-0.03	-0.05
环境保护部门	水利、环境和公共设施管理业	1.16	1.27	1.88

从表 5-8 中可以得到，资源税税率和各部门的总产出水平影响密切相关，资源税税率越高，资源使用成本就越大，对各部门总产出的影响程度越大。

2）对各部门产出价格的影响。

表 5-9 模拟的是资源税税率提高后对各部门产出价格的影响，可以看到由于资源税税率提高导致大多数部门的产出价格上升。资源是基础性产品，上游资源使用成本的上升不可避免地会提高产品的产出价格，因此资源税政策调整必须选择在价格相对平稳的时期进行。产出价格涉及所有部门，其中，开采部门中的煤炭开采和洗选业、石油和天然气开采业；工业部门中的石油加工、炼焦及核燃料加工业，化学工业；能源部门中的电力、热力的生产和供应业，燃气生产和供应业，水的生产和供应业；环境保护部门中的水利、环境和公共

设施管理业等产出价格上升幅度较大，这些部门对资源的依赖程度较高，开采部门和能源部门是资源税政策调整的首要冲击部门，受影响最大，其产出价格提高的幅度也最大，价格上升幅度达到5%以上，而其他部门（如服务业和工业中的一些部门）由于对资源的依赖较低，其产出价格变化不明显。

表5-9　资源税税率调整对产出价格的影响　　单位：%

部门	具体行业	资源税1	资源税2	资源税3
农业部门	农林牧渔业	1.08	2.71	3.12
开采部门	煤炭开采和洗选业	7.18	10.09	12.25
	石油和天然气开采业	6.32	8.49	10.84
	金属矿采选业	1.96	3.41	5.37
	非金属矿及其他矿采选业	1.43	2.66	3.48
工业部门	食品制造及烟草加工业	0.68	1.61	2.12
	纺织业	0.28	0.49	0.65
	纺织服装皮革羽绒及其制品制造业	0.37	0.55	0.79
	木材加工及家具制造业	0.86	1.47	1.89
	造纸印刷及文教体育用品业	0.30	0.51	0.78
	石油加工、炼焦及核燃料加工业	2.65	3.86	4.92
	化学工业	3.12	5.01	6.42
	非金属矿物制品业	1.30	2.33	2.92
	金属冶炼及压延加工业	1.91	2.56	3.04
	金属制品业	2.46	3.15	4.29
	通用、专用设备制造业	1.05	1.13	1.37
	交通运输设备制造业	1.86	2.34	3.73
	电气机械及器材制造业	1.90	2.66	3.83
工业部门	通信设备、计算机及其他电子设备制造业	1.31	1.96	2.64
	仪器仪表及文化办公用机械制造业	1.12	1.57	2.03
	工艺品及其他制造业	2.09	2.87	3.54
能源部门	电力、热力的生产和供应业	9.18	12.63	15.07
	燃气生产和供应业	7.14	9.45	12.23
	水的生产和供应业	7.07	11.02	14.23

续表

部门	具体行业	资源税 1	资源税 2	资源税 3
建筑部门	建筑业	4. 16	6. 33	8. 42
	房地产业	4. 02	5. 78	6. 90
运输部门	交通运输及仓储业	4. 07	6. 22	7. 19
服务部门	邮政业	2. 09	3. 93	5. 74
	信息传输、计算机服务和软件业	0. 02	0. 03	0. 06
	批发和零售业	4. 01	5. 56	6. 69
	住宿和餐饮业	5. 07	6. 77	8. 91
	金融业	0. 03	0. 05	0. 07
	租赁和商务服务业	0. 13	0. 35	0. 42
	研究与试验发展业	0. 12	0. 22	0. 31
	综合技术服务业	0. 09	0. 20	0. 33
	居民服务和其他服务业	0. 15	0. 27	0. 43
	教育	0. 17	0. 23	0. 33
	卫生、社会保障和社会福利业	0. 10	0. 17	0. 21
	文化、体育和娱乐业	0. 07	0. 12	0. 16
	公共管理和社会组织	0. 15	0. 20	0. 26
环境保护部门	水利、环境和公共设施管理业	4. 09	5. 79	7. 63

从表 5 - 9 中可以看到，资源税税率提高会对产出价格产生全面影响，其中在部分对资源依赖程度较高的部门中，产出价格上涨幅度更加明显。同时资源税税率越高，部门产出价格上涨幅度越大，当资源税税率为 8% 时，部分部门（如开采部门和能源部门）的产出价格涨幅将超过 10%，会带动其他部门价格上涨。

3）对各部门资源需求的影响。

从表 5 - 10 中可以看到，资源税税率提高会对部门的资源需求产生不同的影响。对开采部门、能源部门、建筑部门、运输部门和环境保护部门而言，对资源的需求仍将增长，主要原因是由于我国的经济快速发展对资源的巨大需求，其中以能源部门、建筑部门和运输部门对资源需求增长最大，尽管资源税税率提高，但社会经济的巨大需求仍会使这些部门对资源的需求不断增长。对农业和服务业而言，资源税税率提高会减少这些部门对资源的需求，这些部门对资源的依赖程度较低，资源使用价格上升会减少部门需求，使部门总需求降低。而对工业部门而言，大多数工业部门资源需求会呈现略微下降的趋势，部分部门资源需求会略有上升，但总体而言资源税税率提高会减少工业部门的资源需求。资源税税率提高对各部门资源需求影响的具体模拟结果如表 5－10 所示。

表 5－10　各部门资源需求变化情况　　单位：%

部门	具体行业	资源税 1	资源税 2	资源税 3
农业部门	农林牧渔业	－1.03	－1.87	－2.12
开采部门	煤炭开采和洗选业	1.15	2.47	1.26
	石油和天然气开采业	1.36	1.77	1.24
	金属矿采选业	0.76	1.24	1.09
	非金属矿及其他矿采选业	0.41	0.69	0.52
工业部门	食品制造及烟草加工业	－0.62	－0.98	－1.22
	纺织业	－0.08	－0.19	－0.25
	纺织服装皮革羽绒及其制品制造业	－0.07	－0.15	－0.29
	木材加工及家具制造业	－0.13	－0.27	－0.39
	造纸印刷及文教体育用品业	－0.03	－0.08	－0.17
	石油加工、炼焦及核燃料加工业	0.15	0.26	0.44
	化学工业	－0.12	－0.31	－0.65
	非金属矿物制品业	0.10	0.16	0.23
	金属冶炼及压延加工业	－0.03	－0.26	－0.34
	金属制品业	－0.06	－0.15	－0.32
	通用、专用设备制造业	－0.05	－0.11	－0.17
	交通运输设备制造业	－1.06	－1.34	－1.73

续表

部门	具体行业	资源税1	资源税2	资源税3
工业部门	电气机械及器材制造业	-1.10	-1.46	-1.83
	通信设备、计算机及其他电子设备制造业	-0.20	-0.36	-0.62
	仪器仪表及文化办公用机械制造业	-0.02	-0.07	-0.13
	工艺品及其他制造业	-0.09	0.17	-0.24
能源部门	电力、热力的生产和供应业	5.14	3.44	3.21
	燃气生产和供应业	4.42	4.01	3.73
	水的生产和供应业	3.08	2.64	2.53
建筑部门	建筑业	2.58	2.13	1.78
	房地产业	-0.02	-0.07	-0.13
运输部门	交通运输及仓储业	2.10	1.82	1.59
服务部门	邮政业	1.23	1.01	0.87
	信息传输、计算机服务和软件业	-0.06	-0.08	-0.11
	批发和零售业	-2.00	-2.36	-2.67
	住宿和餐饮业	-1.57	-2.39	-2.95
	金融业	-0.05	-0.02	-0.01
	租赁和商务服务业	-0.06	-0.15	-0.21
	研究与试验发展业	-0.04	-0.07	-0.11
	综合技术服务业	-0.06	-0.09	-0.14
	居民服务和其他服务业	-0.10	-0.12	-0.18
	教育	-0.05	-0.07	-0.11
	卫生、社会保障和社会福利业	-0.05	-0.12	-0.24
	文化、体育和娱乐业	-0.01	-0.02	-0.08
	公共管理和社会组织	-0.10	-0.17	-0.19
环境保护部门	水利、环境和公共设施管理业	2.19	1.81	1.56

从表5-10可以看到，资源税税率提高对部门资源需求影响程度不同。对与资源系统和社会经济密切度相关程度较高的部门（尤其是资源开采、能源等部门），资源税税率提高会抑制部分资源需求，但由于社会经济的巨大需求，相关部门对资源需求仍不断增长，在资源税税率为8%时，能源部门的资

源需求增长为3%左右。本书定义环境保护部门中存在水利、环境和公共设施管理，对资源的需求刚性较强，税率提高并未减少部门资源需求，其需求仍呈上升趋势。

（3）对资源税税收、收入支出和社会福利的影响。

在经济影响分析中除了对宏观经济指标和部门产生影响外，资源税政策调整还会对政府和居民产生影响，资源税税收、收入支出和社会福利的变化都是资源税政策调整影响的重要体现。对政府的影响主要体现在资源税税收总额和收入支出的影响，对居民的影响主要体现在收入支出和社会福利的影响上。

1）对资源税税收总额的影响。

资源税税率调整将使资源税税收收入总额大幅增加，具体影响的模拟结果如表5－11所示。

表5－11　资源税税收收入总额变化情况　　单位：亿元

年份	资源税1（4%）	资源税2（6%）	资源税3（8%）
2012	7169	11377	9031
2015	10655	15990	13052
2018	10555	14972	12571

相对于2009年资源税税收收入总额338亿元，资源税政策调整后，资源税税收收入总额有较大幅度增长，到2012年，资源税税收收入总额将增长到7000亿元以上，在税收总额中所占比例也将快速提高；同时在税率为8%时，资源税税收总额较税率为6%时减少，其主要原因在于税率和资源消费呈线性关系，税率提高可能抑制部分资源消费，从而使税基减少，影响了资源税税收总额的增加。

2）对收入支出的影响。

资源税税率调整后，会使居民和政府的收入支出发生变化，如表5－12所示。

表 5-12 收入支出比例变化情况 单位：%

主体	资源税 1（4%）			资源税 2（6%）			资源税 3（8%）		
	2012 年	2015 年	2018 年	2012 年	2015 年	2018 年	2012 年	2015 年	2018 年
城镇居民	1.0983	1.1047	1.1076	1.0744	1.0797	1.0812	1.0967	1.0975	1.0676
农村居民	1.2501	1.2514	1.2527	1.2497	1.2274	1.2354	1.2309	1.2365	1.2434
政府	1.4582	1.4800	1.4940	1.4596	1.5020	1.5100	1.4593	1.4795	1.5013

由于资源税税率的提高，使居民支出增加，其中对城镇居民影响较大，收入支出比例下降较明显，当资源税税率设置为 8% 时，居民收入支出比例降到最低，意味着居民用于资源支出增加幅度超过居民收入增加幅度，此时，居民可能会选择减少资源消费；与此同时，由于资源税税收收入的大幅增加，使政府财税收入增加，在政府支出规模相对稳定的情况下，政府收入支出比例略微上升，由于资源税税率为 6% 时，资源税收入总额最大，故政府收支比例也最大。

3）对社会福利的影响。

根据效用函数和希克斯变量模拟计算出 2012 年、2015 年和 2018 年资源税税率调整使社会福利发生的变化情况。由于资源税税率调整，社会福利得到改善，社会福利相对值年均增长都在 10% 左右；但在社会福利绝对值方面，当资源税税率为 6% 时，EV 和 CV 均增加了近 700，三种税率设置中社会福利增加最多。其主要原因可能是由于资源税税率提高的同时，政府对居民一定的资源补偿以减少资源税政策调整的负面影响，同时政府加大支出，用于资源恢复和环境保护，使社会福利得到改善。由于资源税税率为 6% 时，税收基期价格要高于其他两种税率，此时政府资源税税收收入总额最高，政府可用于资源补偿或资源恢复等的税收资金更加充足，在此税率区间内社会福利改善的绝对值最大，这也和 Villamor Gamponia（1985）的研究结论基本一致。

资源税税率调整对社会福利的影响如表 5-13 所示。

表 5-13　社会福利变化情况

福利情况		资源税 1（4%）			资源税 2（6%）			资源税 3（8%）		
		2012 年	2015 年	2018 年	2012 年	2015 年	2018 年	2012 年	2015 年	2018 年
希克斯变量	EV	1056	1379	1684	1092	1443	1784	1078	1419	1724
	CV	1049	1376	1676	1089	1436	1775	1072	1416	1708
社会福利占资源税比例（%）	EV	1.59	1.98	2.36	1.75	2.17	2.48	1.71	2.08	2.36
	CV	1.57	1.97	2.31	1.74	2.14	2.42	1.70	2.07	2.31
社会福利占人均GDP比例（%）	EV	0.54	0.68	0.84	0.65	0.77	0.89	0.60	0.74	0.86
	CV	0.53	0.67	0.81	0.64	0.74	0.87	0.59	0.72	0.85

5.2.2.2　资源税税率调整对资源的影响分析

资源税政策调整会对资源使用和消费产生一系列影响。首先，资源税税率提高会对资源系统产生一系列宏观影响，本书通过生态足迹法分析资源税政策调整后资源系统的宏观变化情况；其次，资源税税率提高会对资源消耗总量产生影响，本书通过生产土地等不同土地类型的变化情况反映资源总量消耗变化；最后，资源税税率提高会抑制部门资源消费量，对主要部门资源消费情况产生影响。

（1）对资源宏观影响。

在资源系统宏观影响方面，通过人均资源赤字/盈余、人均资源压力系数和单位 GDP 的资源效率等指标的变化来反映，模拟结果如图 5-1 所示。

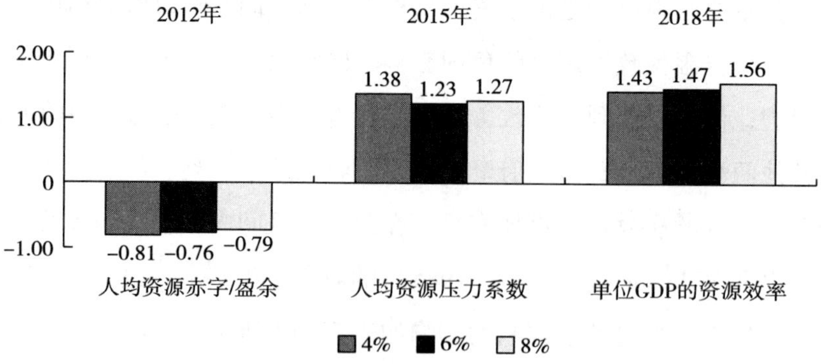

图 5-1　不同税率情况下的资源总体变化

从宏观上看，资源税税率调整使资源使用成本增加，而随着资源税税率的递增，部分资源需求被抑制，使资源需求减少，同时由于资源价格上升，导致资源供给增加，这两方面因素综合作用使人均资源赤字降低，人均资源压力减低；由于资源使用成本提高，资本、劳动和资源的替代作用增强，使资源使用者更加关注资源节约，有利于生产方式和消费结构的调整，从而提高单位 GDP 的资源使用效率。

从微观上看，6% 的资源税税率能最大限度地减少资源赤字，主要原因在于资源税税率为 8% 时减少资源需求的同时，也抑制了资源的供给，资源赤字难以有效降低；同样道理在资源税税率为 6% 时人均资源压力系数最低；而资源使用效率则与资源税税率成正比，在资源税税率为 8% 时，单位 GDP 的资源效率最高，主要原因可能在于当资源税税率为 8% 时，资源的使用成本也是最高的，资源使用者不得不减少资源使用量，提高资源的使用效率，从而也间接地提高了单位 GDP 的资源效率。

（2）资源价值的变化情况。

如表 5－14 所示，资源价值总量有一定程度提高。由于资源税政策调整后资源税税率提高，资源的使用成本进一步增加，资源价格会随资源税税率而逐步提高，在资源总量相对稳定的情况下，资源价格上升会使资源价值总量提高。可以看到，在资源税税率提高后，资源价值总量会有超过 5% 的增长，到 2018 年后资源价值总量会增长 8% 左右，这是由于我国经济的快速增长，资源需求也在逐步提高。值得注意的是，当资源税税率为 6% 时，资源价值量最高，其原因在于资源税税率在此区间内资源消耗量最大，在资源价格波动不大的情况下资源价值量最大，这也与资源的消耗情况分析基本一致。

（3）资源总体消耗的变化情况。

如表 5－15 所示，由于资源税政策调整，资源总体消耗情况发生一系列变化。由于采用生态足迹分析法分析资源状况，本书通过生产土地、水域土地、居民及工矿用地和建筑用地四种不同类型土地指标反映在不同资源税税率下资源总体消耗的变化情况，资源税税率调整对资源总体消耗影响的情况如表5－15所示。

表5－14　资源价值总量变化情况　　单位：%

资源价值	资源税1（4%）			资源税2（6%）			资源税3（8%）		
	2012年	2015年	2018年	2012年	2015年	2018年	2012年	2015年	2018年
资源价值总量	5.08	6.34	7.87	5.53	7.61	8.69	5.31	6.96	8.07

表5－15　2012年资源总体消耗变化情况

土地类型	基期值	资源税1（4%）		资源税2（6%）		资源税3（8%）	
		模拟值	变化率	模拟值	变化率	模拟值	变化率
生产土地（万公顷）	63163	62045	－1.07%	61609	－1.46%	61173	－1.95%
水域土地（亿立方米）	25255	25048	－0.52%	24914	－0.65%	24805	－0.88%
居民及工矿用地（万公顷）	8500	8280	－1.59%	8182	－1.74%	8152	－2.09%
建筑用地（万公顷）	3272	3224	－0.76%	3197	－1.18%	3184	－1.63%

资源税税率提高会在一定程度上减少资源总体消耗，居民及工矿用地的资源消耗下降幅度最大，水域土地的资源消耗下降幅度最小，原因在于在生产土地资源消耗中，开采部门、工业部门和能源部门所占比例较大，且受资源税税率提高影响较严重，而水域土地的资源需求刚性较大，受资源税税率提高的影响程度较小。可以看到，资源税税率提高会降低资源总体消耗，不同的税率区间产生的影响程度不同，在资源税税率为8%时，资源总体消耗下降幅度最大，此时对资源消耗的抑制作用达到最大。在2015年、2018年的情况基本相同，本书就不一一论述。

（4）主要部门资源消耗量的变化情况。

如表5－16所示，资源税税率提高会对主要部门的资源消耗量产生影响，其中受影响较大的部门主要包括农业部门、开采部门、工业部门、能源部门、运输部门等。

表 5－16　2012 年主要部门资源消耗量变化情况　　单位：%

部门	具体行业	资源税 1	资源税 2	资源税 3
农业部门	农林牧渔业	-1.08	-1.62	-1.95
开采部门	煤炭开采和洗选业	3.16	4.46	5.62
	石油和天然气开采业	2.32	3.54	4.17
	金属矿采选业	0.78	1.32	1.62
	非金属矿及其他矿采选业	0.98	1.77	2.05
工业部门	食品制造及烟草加工业	-0.12	-0.19	-0.25
	纺织业	-0.34	-0.66	-0.87
	纺织服装皮革羽绒及其制品制造业	-0.26	-0.41	-0.66
	木材加工及家具制造业	-0.68	-0.94	-1.13
	造纸印刷及文教体育用品业	-0.06	-0.12	-0.21
	石油加工、炼焦及核燃料加工业	-0.73	-1.28	-1.77
	化学工业	-0.07	-0.09	-0.23
	非金属矿物制品业	-0.13	-0.28	-0.37
	金属冶炼及压延加工业	-1.07	-1.39	-1.66
	金属制品业	-1.15	-1.67	-1.92
	通用、专用设备制造业	-0.11	-0.24	-0.35
	交通运输设备制造业	-1.37	-1.87	-2.32
	电气机械及器材制造业	-1.15	-1.67	-1.92
	通信设备、计算机及其他电子设备制造业	-0.21	-0.43	-0.60
	仪器仪表及文化办公用机械制造业	-0.17	-0.30	-0.42
	工艺品及其他制造业	-0.06	-0.12	-0.21
能源部门	电力、热力的生产和供应业	2.16	3.46	4.05
	燃气生产和供应业	1.83	2.69	3.86
	水的生产和供应业	1.23	1.45	1.98

续表

部门	具体行业	资源税 1	资源税 2	资源税 3
建筑部门	建筑业	0.14	0.45	1.98
	房地产业	-0.23	-0.35	-0.56
运输部门	交通运输及仓储业	1.27	2.31	3.07
服务部门	邮政业	0.36	0.51	0.74
	信息传输、计算机服务和软件业	-0.16	-0.22	-0.31
	批发和零售业	-0.21	-0.34	-0.48
	住宿和餐饮业	-0.30	-0.47	-0.55
	金融业	-0.04	-0.06	-0.07
	租赁和商务服务业	-0.03	-0.04	-0.06
	研究与试验发展业	-0.38	-0.52	-0.71
	综合技术服务业	-0.01	-0.02	-0.04
	居民服务和其他服务业	-0.31	-0.55	-0.76
	教育	-0.14	-0.26	-0.37
	卫生、社会保障和社会福利业	-0.39	-0.53	-0.76
	文化、体育和娱乐业	-0.05	-0.09	-0.13
	公共管理和社会组织	-0.17	-0.28	-0.34
环境保护部门	水利、环境和公共设施管理业	-0.46	-0.69	-0.75

从表 5-16 中可以看到，资源税税率提高会对国民经济主要部门的资源消耗产生影响，其中开采部门、能源部门、运输部门和建筑部门的资源消耗会有不同程度的上升，其原因可能是随着资源税税率提高，资源价格逐步上升，由于这些部门的税负转移能力较强，将资源税转嫁到最终消费者，这导致了中短期的资源需求反而上升，使相关部门的资源消耗量也随之上升。但农业部门、工业部门、服务部门和环境保护部门的资源消耗量略有下降，主要原因在于资源使用成本增加，使生产成本随之增加，加之这些部门的税负转移能力较弱，使部门自身承担大部分的资源税成本，进而选择成本较低的资源替代品，资源

税提高导致产成品的价格提高，在需求相对稳定的情况下，会使资源的消耗量有一定幅度的下降，这也就缓解了资源市场长期的供需失调的状况，充分发挥资源税对资源消费结构和资源消费总量的调节作用。随着资源税税率的逐步提高，主要部门的资源消耗量也发生相应的变化，在资源税税率为 8% 时，资源的使用成本也达到最大，资源价格逐步上升，充分发挥对资源系统的调节作用。

5.2.2.3　资源税税率调整对环境的影响分析

资源税税率提高对环境系统的影响主要体现在主要污染物排放变化和主要污染物治理成本变化上。本书选取废水、废气和工业固体废弃物作为主要污染物对象，通过主要污染物的变化和治理来分析资源税税率提高对环境系统的影响。

（1）主要污染物排放总量变化。

在主要污染物排放量上，本书通过主要污染物排放总量变化和各部门主要污染物排放量变化情况来体现资源税政策调整对环境系统的影响。如表 5 - 17 所示，资源税税率提高对主要污染物排放量变化产生明显的影响。

表 5 - 17　资源税税率提高对主要污染物排放总量的影响　　单位：%

指标	资源税 1（4%）			资源税 2（6%）			资源税 3（8%）		
	2012 年	2015 年	2018 年	2012 年	2015 年	2018 年	2012 年	2015 年	2018 年
废水排放	-4.58	-6.33	-8.26	-5.75	-7.82	-8.26	-5.93	-7.86	-8.61
废气排放	-2.52	-3.65	-4.46	-3.35	-4.61	-5.36	-3.69	-4.98	-5.83
工业固体废弃物排放	-3.08	-4.16	-5.11	-3.72	-4.86	-5.77	-3.92	-5.08	-6.17

受资源税政策调整影响，资源税税率提高会增加资源使用成本，资源消费会受到一定程度的抑制，减少主要污染物的排放。可以看到资源税税率越高，主要污染物的排放下降幅度越大，下降幅度依次为废水、工业固体废弃物和废

气，但随资源税税率提高，主要污染物排放下降幅度逐渐降低，在资源税税率为8%时，主要污染物排放下降幅度最大，但相对于资源税税率为6%时，主要污染物排放仅略有下降，主要原因在于我国经济对资源依赖程度高，刚性需求较大，既使资源使用价格上升，也难以大幅减少资源消耗，这也是主要污染物排放减少幅度难以和资源使用价格同步的原因。

下面开始分析投入产出表中主要部门的主要污染物排放变化情况，为更有效地分析资源税政策调整对环境系统的影响，这里只选择大类部门作为研究对象。各主要部门主要污染物排放变化情况如表5-18所示。

首先，表5-18模拟的是资源税政策调整对主要部门废水排放量的影响。

表5-18　主要部门废水排放量的变化　　单位：%

部门	资源税1（4%）			资源税2（6%）			资源税3（8%）		
	2012年	2015年	2018年	2012年	2015年	2018年	2012年	2015年	2018年
农业部门	-0.27	-0.38	-0.44	-0.31	-0.43	-0.55	-0.43	-0.59	-0.67
开采部门	-2.26	-3.47	-4.09	-3.14	-4.75	-5.08	-3.74	-4.53	-5.61
工业部门	-3.08	-4.16	-5.11	-3.72	-4.86	-5.77	-3.92	-5.08	-6.17
能源部门	-2.13	-3.32	-3.86	-2.85	-3.48	-4.86	-3.16	-4.01	-4.45
建筑部门	-1.21	-1.79	-1.98	-1.61	-1.94	-2.33	-1.85	-2.32	-2.71
运输部门	-0.17	-0.24	-0.31	-0.23	-0.32	-0.40	-0.32	-0.46	-0.53
服务部门	-1.11	-1.46	-1.75	-1.26	-1.63	-1.86	-1.34	-1.51	-1.79
环境保护部门	-0.12	-0.16	-0.20	-0.17	-0.22	-0.28	-0.20	-0.29	-0.34

其次，表5-19模拟的是资源税政策调整对主要部门废气排放量的影响。

表5-19　主要部门废气排放量变化　　单位：%

部门	资源税1（4%）			资源税2（6%）			资源税3（8%）		
	2012年	2015年	2018年	2012年	2015年	2018年	2012年	2015年	2018年
农业部门	-0.04	-0.07	-0.08	-0.06	-0.09	-0.11	-0.07	-0.10	-0.11

续表

部门	资源税 1（4%）			资源税 2（6%）			资源税 3（8%）		
	2012 年	2015 年	2018 年	2012 年	2015 年	2018 年	2012 年	2015 年	2018 年
开采部门	-1.13	-1.49	-1.87	-1.36	-1.78	-2.27	-1.44	-1.67	-1.82
工业部门	-3.25	-3.77	-4.02	-3.75	-4.64	-5.09	-4.13	-4.88	-5.19
能源部门	-4.01	-4.86	-5.13	-4.72	-5.15	-5.76	-5.02	-5.78	-6.17
建筑部门	-0.46	-0.75	-0.99	-0.68	-0.97	-1.15	-0.78	-0.95	-1.16
运输部门	-4.42	-5.37	-6.24	-4.85	-5.69	-6.55	-5.22	-6.17	-7.02
服务部门	-1.16	-1.43	-1.77	-1.27	-1.57	-1.86	-1.94	-2.67	-3.10
环境保护部门	-0.16	-0.17	-0.21	-0.19	-0.27	-0.32	-0.25	-0.38	-0.47

最后，表 5 - 20 模拟的是资源税政策调整对主要部门工业固体废弃物排放量的影响。

表 5 - 20　主要部门工业固体废弃物排放量变化　　单位：%

部门	资源税 1（4%）			资源税 2（6%）			资源税 3（8%）		
	2012 年	2015 年	2018 年	2012 年	2015 年	2018 年	2012 年	2015 年	2018 年
农业部门	-0.09	-0.12	-0.17	-0.11	-0.16	-0.19	-0.13	-0.17	-0.21
开采部门	-2.26	-2.78	-3.14	-2.47	-2.99	-3.36	-2.63	-3.12	-3.65
工业部门	-3.31	-3.69	-4.02	-3.76	-4.07	-4.52	-4.35	-4.96	-5.46
能源部门	-4.27	-4.96	-5.41	-5.47	-5.96	-6.43	-5.72	-6.14	-6.85
建筑部门	-1.16	-1.77	-2.15	-1.87	-2.67	-2.95	-1.98	-2.45	-2.76
运输部门	-0.45	-0.69	-0.84	-0.59	-0.78	-0.94	-0.72	-0.97	-1.22
服务部门	-0.06	-0.13	-0.17	-0.14	-0.23	-0.37	-0.16	-0.26	-0.39
环境保护部门	-0.03	-0.05	-0.08	-0.06	-0.10	-0.12	-0.07	-0.09	-0.11

如表 5 - 20 所示，受资源税税率提高的影响，各主要部门的主要污染物排放量都会有不同程度的下降，开采部门、工业部门和能源部门的主要污染物下降幅度最大，农业部门、运输部门和环境保护部门主要污染物略有下降，其原

因在于资源税政策调整发挥市场价格机制，提高资源开采和利用的成本，使资源使用者承担相应的资源补偿恢复和环境污染成本，进一步调节资源消费结构，调整资源密集部门的资源消费构成，提高资源利用效率，提高单位 GDP 资源利用率，促进资源使用者注重资源节约，提高资源开采和利用效率，推动经济发展方式转变，降低主要污染物排放，逐步有序实现节能减排，发挥资源税政策调整对环境系统的调节作用。

（2）主要污染物治理总量和治理成本的变化。

资源税政策调整对环境系统的影响还体现在主要污染物治理总量和治理成本等指标，通过环境治理实现环境系统的补充和恢复。下面模拟的是主要污染物治理总量和治理成本等指标在不同资源税税率下的变化情况。

1）主要污染物治理总量变化。

如表 5－21 所示，资源税政策调整后主要污染物的治理情况会发生相应变化。

表 5－21　主要污染物治理总量的变化情况　　单位：%

指标	资源税 1（4%）			资源税 2（6%）			资源税 3（8%）		
	2012 年	2015 年	2018 年	2012 年	2015 年	2018 年	2012 年	2015 年	2018 年
废水排放	0.53	1.24	1.76	0.77	1.51	2.09	0.90	1.72	1.97
废气排放	1.05	1.86	2.34	1.65	2.18	2.82	1.63	2.25	2.67
工业固体废弃物排放	1.15	1.62	2.17	1.68	2.09	2.47	1.95	2.36	2.84

随着资源税税率的提高，主要污染物治理总量会有不同程度的提高，增加幅度由大到小依次为工业固体废弃物排放量、废气排放量和废水排放量，但总体而言，主要污染物治理总量增长不大，2012～2018 年，治理总量增长率分别仅为 0.5%、0.8% 和 1% 左右。尽管资源税政策调整并未直接涉及环境污染治理活动，但是由于资源税政策调整对资源使用和消费产生直接而重大影响，这使得主要污染物的治理情况有所改善，且资源税税率越高主要污染物治理增

长幅度越大。

2）主要污染物治理成本的变化。

受资源税税率提高影响，主要污染物治理成本会有不同程度的提高，主要污染物治理成本上升幅度由大到小依次为工业固体废弃物、废水和废气，2012~2018年主要污染物的治理成本分别增长0.4%、0.4%和0.2%左右，具体模拟结果如表5-22所示。

表5-22 主要污染物治理成本的变化情况 单位：%

指标	资源税1（4%）			资源税2（6%）			资源税3（8%）		
	2012年	2015年	2018年	2012年	2015年	2018年	2012年	2015年	2018年
废水治理成本	1.28	1.43	1.69	1.88	2.07	2.49	2.13	2.41	2.76
废气治理成本	0.25	0.41	0.60	0.43	0.67	0.74	0.62	0.83	0.97
工业固体废弃物治理成本	2.12	2.23	2.51	2.34	2.71	3.06	2.61	2.84	3.18

主要污染物治理成本提高的原因在于资源使用价格的上升，导致环境污染服务价格的提高，导致了污染治理成本的增加。从表5-22可以看到，资源税税率越高，资源的使用价格就越大，污染治理成本上升的幅度相应提高，资源税政策调整在一定程度上增加了环境污染的治理成本。

5.2.3 资源补偿的模拟分析

5.2.3.1 资源补偿对社会经济的影响

资源补偿对经济系统的影响主要体现在以下几个方面：①GDP增长影响程度较小，降低约0.0043%，基本可以忽略不计；②资源整体价格水平会略有上升，资源作为基础性产品，资源补偿会给资源整体价格带来0.68%的上涨幅度，由于资源补偿是纳入资源税政策调整中，故对资源价格影响幅度不大；③在部门影响分析中，对开采业、工业和能源业等基础性行业的影响较明显，其中开采部门受资源价值补偿率和资源回采系数等综合因素影响，下降幅度较明显，达到 -2.26%，建筑业和服务业受影响程度较小，原因在于其对资源的依赖程度较低。由于资源补偿，环境保护业成为受益最明显的部门，资源恢复和环境保护投入得到明显增强，上涨幅度达到 3.47%。资源价值恢复基金对经济系统的具体影响情况如表 5-23 所示。

表 5-23 资源补偿对经济系统的影响

指标	GDP	价格	农业	开采	工业	能源	环保	服务	建筑	运输
影响程度(%)	-0.0043	0.68	-0.02	-2.26	-1.38	-1.41	3.47	0.24	-0.32	-0.66

5.2.3.2 资源补偿对资源和环境系统的影响

在资源税政策调整后，资源补偿会对资源的使用和恢复情况产生一系列的积极影响。随着资源税税负的提高，资源价值充分实现，这为资源补偿提供了必要条件。资源补偿影响的模拟结果如表 5-24 所示。

表 5-24 资源补偿对资源系统的影响

资源补偿	人均资源盈余/赤字	人均资源压力系数	资源总储蓄	资源禀赋恢复收益
无	-0.81	1.38	—	—
有	-0.76	1.25	103.46%	108.19%

这里本书通过人均资源盈余/赤字、人均资源压力系数、资源总储蓄和资源禀赋恢复收益等指标反映资源补偿对资源系统的影响。资源补偿使人均资源赤字有所上升，从 -0.81 提高到 -0.76，上升了 0.05，波动幅度不大，主要原因在于资源价值补偿率过低，在短期内难以有效大幅改善资源赤字状况；人均资源压力系数有所下降，从 1.38 下降到 1.25，下降幅度为 0.13，原因在于资源补偿实施后资源系统得到一定程度的恢复；资源总储蓄和资源禀赋恢复收

益均有所上升，且上升幅度分别超过了3%和8%，远高于资源价值补偿投入，原因在于资源补偿机制能提高资源储蓄，而且由于资源税负和资源价格的提高，恢复价值远高于资源价值补偿投入。

如表5－25所示，资源补偿建设有利于资源系统的补偿和恢复，在一定程度上减轻了资源系统压力。本书采用生态足迹方法通过将资源系统转化为不同类型的土地，资源总体情况呈现正向变化趋势，资源补偿对资源系统的保护作用显现。

表5－25　资源总体补偿和恢复变化情况

土地类型	基期值	资源价值补偿率	
		模拟值	变化率
生产土地（万公顷）	63163	64597	102.27%
水域土地（亿立方米）	25255	25629	101.48%
居民及工矿用地（万公顷）	8500	8673	102.03%
建筑用地（万公顷）	3272	3314	101.29%

资源补偿对资源系统产生影响的同时，也会对环境系统产生一系列影响，主要体现在资源补偿后对主要污染物（废水、废气和工业固体废弃物）的排放量上，资源补偿的具体影响模拟结果如表5－26所示。

表5－26　资源补偿对主要污染物排放量的影响

资源补偿		废水（亿吨）	废气（亿吨）	工业固体废弃物（亿吨）
无	排放量	556	388169	175632
	增长率	9.32%	4.45%	5.81%
有	排长量	607	403773	184905
	增长率	8.83%	3.97%	5.28%
变化程度		－0.49%	－0.48%	－0.53%

可以看到，资源价值补偿后主要污染物排放量的幅度有所下降，资源补偿的存在使主要污染物排放量分别下降 -0.49%、-0.48% 和 -0.53%，使环境质量恶化的趋势有所缓解，但环境持续改善的压力仍然很大，主要原因在于我国社会经济对资源消费的过度依赖性。应该指出的是，提高资源的价值补偿标准能够更加有效地改善资源和环境情况，但不可避免地会加重相关生产部门的经济负担。

5.2.3.3　资源补偿对社会福利的影响

资源补偿会使居民、行业和政府的收入支出发生变化，如表 5-27 所示。

表 5-27　资源补偿对收入支出比例影响

资源补偿	居民	行业	政府
无	1.0983	1.0744	1.0967
有	1.0995	1.0816	1.0955
变化程度（%）	0.11	-0.58	-0.11

如表 5-27 所示，资源价值补偿实施后，会使居民的收入支出上升 0.11%，行业的收入支出下降 0.58%，政府的收入支出下降约 0.11%。居民收入支出上升的原因在于对资源所有者和相关区域的价值补偿增加了相关群体的收入；行业收入支出下降幅度较大，资源补偿增加了行业的资源使用的成本，使行业承担了相应的资源补偿和恢复成本，这也在一定程度上增加了行业负担；由于增加了资源补偿投入，使资源的收入支出略有下降。从总体上看，资源价值补偿对政府和居民收入支出影响不大，对作为资源的主要使用和消费的行业而言，由于资源价值补偿，使企业收入支出减少，真正承担了资源使用和恢复成本。

同时，资源补偿使资源压力得到缓解，也改善了环境系统，间接增加社会福利，根据效用函数和希克斯变量可以得到社会福利的变化情况，如表 5-28 所示。

表 5－28　资源补偿对社会福利的变化情况

资源补偿	希克斯变量		社会福利占资源税比例		社会福利占人均 GDP 比例	
	EV	CV	EV	CV	EV	CV
无	1056	1049	1.59	1.57	0.54	0.53
有	1083	1077	1.66	1.61	0.59	0.57
变化程度	102.56%	102.67%	104.40%	102.55%	109.26%	107.55%

可以看到，资源补偿对提高社会福利作用非常明显。希克斯变量增幅在 2% 以上，社会占资源税比例增长约 3% 以上，社会福利占人均 GDP 比例增长超过 7%。资源补偿对协调经济、资源和环境系统的作用毋庸置疑，这也和许多学者的研究成果基本一致，反映了资源补偿的作用。

5.3　政策建议

通过本章上述的模拟和分析，得到不同资源税税率区间以及资源补偿对社会经济、资源和环境系统的影响。综合资源税政策模拟和分析的结果，本书提出以下政策建议：

（1）对政府的政策建议。

1）根据社会经济发展状况，合理设置资源税税率。

无论是扩大征税范围还是改变征税方式和标准，都会提高资源税税负，而资源税税负水平高低则最终体现在税率差异上。通过本书的资源税模拟和结果分析，可以看到不同税率选择对社会经济、资源和环境的影响程度差异性较大。资源税政策调整和国家经济形势密切相关，资源税政策调整应根据国家社会经济发展状况决定，通常应选择在物价水平相对稳定的社会经济发展时期，在经济发展水平较高时期，可选择较高的资源税税负水平；而在经济发展水平较低时期，应采用相对较低的资源税税负水平，此时合理的资源税税负水平能有效引导资源消费和使用，同时也不会影响我国社会经济的发展。

同时鉴于我国社会经济发展和资源环境状况和特点，同时资源税政策调整的影响范围较广，政府在进行资源税政策调整时必须充分考虑到我国目前的国情，可以先改变现有资源税的计税方式，然后在部分地区进行扩大征税范围的试点，将水资源、森林资源和草原资源等资源纳入资源税征税范围，并在全国逐步推广，最终提高资源税的整体税负水平。

2）加强资源补偿机制建设，建立资源补偿专项基金。

资源补偿机制是资源税政策调整的重要保障，一直以来我国资源补偿长期不足，通过加强资源补偿机制的建设，可以维护系统之间、地区之间和行业之间的公平，使资源开发和消费过程中的外部性内部化。在发达国家，资源税通常应包含资源补偿的内容，我国资源补偿机制也应是资源税政策调整的重要内容，目前我国资源补偿机制建设相对空白，要完善资源税政策体系，必须建立完善的资源补偿机制。

国际上常见的资源补偿是通过资源税收和政府补偿等形式实现的，本书建议在资源补偿机制建设的框架下，成立资源补偿转型基金，通过获取适当比例的资源税收入直接形成资源补偿基金，用于资源开采过程中的资源恢复和对受影响的地区以及居民的补偿，从而形成资源开采、消费和补偿的良性循环，使资源税政策体系进一步完善，引导资源开采和使用，协调社会经济、资源和环境等系统之间的相关关系，促进社会的可持续发展。

3）通过政策引导行业提高资源利用率。

资源税政策调整会增加行业的资源使用成本，对部分受影响较严重且关系国计民生的重要行业，政府应加大对其的支持力度，通过财政补足、资源补偿或政策调节等手段，减少资源税政策调整对其的影响，并通过政策引导其逐步进行产业升级，提高资源利用率，逐步减少其对资源的依赖程度。

对其他受影响较大的行业，通过政府政策调节促使高能耗行业加大技术改造，通过政策性贷款、财政专项补足等各种形式给予支持，提高其技术改革的积极性，将降低其资源使用成本的动力引导到依靠技术进步和资源投入替代上，从而引导行业的技术进步，提高整个社会的资源使用效率。

（2）对受影响行业的政策建议。

1）提高管理水平，降低管理成本。

随着资源税政策调整，行业资源使用成本将有所增加，受影响行业将不得不面对成本提高、消化资源税负的压力，提高管理水平是现实选择。行业可以从提高生产和经营的管理水平，科学合理地利用资源，降低管理成本和生产成本，有效消化资源税税负提高给利润带来的冲击和负面影响。

2）改造原有设备技术，提高资源利用率。

加大对原有设备的技术改革力度，通过技术进步提高资源利用率，一方面可以通过对原有设备的改革和升级，提高设备的资源利用率，加强与相关专业研究部门的合作，提高设备的科技含量，减少生产成本；另一方面可以提高行业技术标准、增加技术投入等方法，加强对资源节约型设备的研究和应用，增强企业竞争力，通过技术创新提高资源利用率。

3）提高替代资源的使用比例。

通过加大创新投入，提升新能源和新材料等方面的研发水平和应用能力，一方面可以逐步提高行业的资源综合利用率，消化成本提高给利润带来的压力；另一方面由于新能源、新材料等与传统自然资源相比存在价格上的相对优势，受影响的行业可以通过选择替代资源来有效降低生产成本，从而减少资源税政策调整产生的负面影响。

5.4　本章小结

本章首先通过统计资料整理分析得到资源税政策调整前社会经济、资源和环境的基本情况，在此基础上对资源税政策的基准模拟场景进行设定，作为对比分析的基础；其次，本章通过资源税率调整和资源补偿模拟分析资源税调整对社会经济、资源和环境的影响，分别选择（3%，5%）、（5%，7%）和（7%，9%）不同资源税的税率区间，通过资源税模拟分析模型对资源税政策调整中的税率调整进行模拟分析，同时以2%的资源收入作为资源补偿标准，对资源税政策调整方案中的资源补偿进行模拟分析；最后，在模拟结果分析和评价的基础上，本章分别对政府和相关行业提出政策建议。

第 6 章

结论和展望

资源税改革是一个影响广泛、意义深远的税制改革问题，也是我国当前社会经济发展过程中经济转型和结构调整面临问题的集中反映。本书基于均衡思想和可计算一般均衡理论，分析资源税政策调整的各主体行为和相关因素，并构建资源税政策模拟分析模型研究资源税政策调整对社会经济、资源和环境的影响；在此基础上，本章总结全书的主要研究成果和值得进一步深入研究的地方。

6.1　主要研究结论

本书的研究成果和主要结论包括以下几个部分：

（1）提出“因素分析—模型构建—模拟分析和评价”分析框架。

在我国资源税政策发展和存在不足的基础上，本书设计了资源税政策调整方案；结合相关基础理论，本书提出“因素分析—模型构建—模拟分析和评价”的资源税政策调整方案的分析框架；在此框架下，本书探讨资源税政策调整过程中各主体的行为和相互关系，重点分析资源税政策调整中的影响因素，构建基于可计算一般均衡理论的资源税政策模拟分析模型，并模拟分析了资源税政策调整对社会经济、资源和环境的影响。

（2）构建了世代交叠模型，分析资源税政策调整的影响因素和行为。

本书将均衡思想应用于资源税政策调整分析中，通过资源配置的世代交叠模型分析资源税政策调整中各主体的效用、影响因素和行为选择。本书首先定义了资源税政策调整中的生产者、消费者和政府的效用函数。其次，在此基础上，本书构建两期世代交叠模型，重点研究政府进行资源税政策调整的影响因素。通过分析本书认为，影响资源税政策调整的因素众多，且涉及社会经济、资源和环境等方面，必须构建基于可计算一般均衡理论下的资源税政策模拟分析模型。

（3）基于可计算一般理论，构建资源税政策模拟分析模型。

本书将资源税政策调整的相关内容和影响因素融入传统的 CGE 模型中，构建资源税政策模拟分析模型，并在模型中增加了资源和环境等相关内容，反映出资源税政策调整对社会经济、资源和环境系统的影响。在基本假设设定后，本书设计生产、需求、价格、进出口、收入支出、资源、环境和均衡等模块，并对模块进行具体阐述，同时定义了模块的主要方程。在投入产出表的基础上，本书编制了扩展社会核算矩阵作为模型基础数据，并结合历年资源公报和环境统计年鉴，增加资源和环境等相关内容，使其和资源税政策模拟分析模型的相关模块相对应，以此作为模型基础数据来源。

（4）对资源税政策调整进行模拟分析和评价。

结合我国国内对资源税率的预期和国外经验以及资源税政策在新疆改革试点的实践，本书首先选择三个资源税税率调整区间，分别为（3%，5%）、（5%，7%）和（7%，9%），并以税率区间中间值作为模拟基准，模拟分析不同资源税税率设置对社会经济、资源和环境的影响程度；同时，对资源补偿的影响进行模拟和分析；在此基础上，本书分别对政府和受影响的行业提出相关政策建议，为决策提供参考依据。

6.2　本书的创新点

（1）设计了资源税政策调整方案。

基于资源税的相关理论和实践，本书分析了我国资源税政策调整的发展历程和目前存在的不足，设计了资源税政策调整方案，并提出资源税政策调整模拟分析的基本框架，即“因素分析—模型构建—模拟分析和评价”，研究资源税政策调整方案的影响。

（2）构建资源配置期世代交叠模型。

依据均衡思想，本书构建资源配置 OLG 模型，分析资源税政策调整中的生产者、消费者和政府等主体的跨期均衡行为，并重点分析影响资源税政策调整的主要影响因素；在对相关因素进行归纳和总结的基础上，选择资源税政策调整研究的基本方法。

（3）构建资源税政策模拟分析模型。

基于可计算一般均衡理论，本书将资源税政策调整的相关因素纳入一般均衡分析框架中，构建资源税政策模拟分析模型，并编制扩展的社会核算矩阵，作为资源税政策调整模型分析的数据基础，通过该模型模拟分析和评价资源税政策调整方案对我国社会经济、资源和环境系统的影响。

（4）对资源税政策调整进行模拟分析。

基于资源税政策模拟分析模型，通过 GAMS 软件计算，本书对资源税税率调整和资源补偿对社会经济、资源和环境的影响进行模拟，并对模拟结果进行分析；在此基础上，本书分别对政府和受影响的行业提出了相应的政策建议，为决策提供参考依据。

6.3 研究展望

资源税相关理论和实践正处于发展时期，本书借鉴国内资源税政策调整的相关研究成果，对当前我国资源税政策调整问题进行初步探索，但限于自身知识和数据资料的局限，本书还存在值得进一步研究的地方。

（1）资源税征收范围。

在本书构建的模型中，并未将资源税征收范围扩大纳入其中，比如水资源、森林资源、草原资源等。在我国的资源税政策调整中，扩大资源税征收范围一直是社会关注的焦点问题，而在解决如何扩大征税范围方面却缺乏共识，本书没有针对资源税政策调整的征税范围进行专门分析。在以后的研究过程中，可以建立扩展资源税征税范围的资源税影响模型，进行扩实性研究。

（2）资源补偿对象和标准。

我国构建资源补偿机制后，如何确定资源补偿对象和标准是值得今后进一步深入研究的地方。资源补偿标准直接影响资源补偿机制作用的发挥，鉴于资源补偿涉及多种学科、多个利益相关者，且不同资源的补偿情况不同，这都增加了资源补偿标准确定的困难，笔者将在以后进一步探索和研究资源补偿标准和对象的问题。

参考文献

［1］http：//zhidao. baidu. com/question/37769065. html.

［2］http：//zhidao. baidu. com/question/73114019. html.

［3］国土资源部．全国矿产资源规划（2008—2015）［M］．北京：中国环境科学出版社，2008.

［4］国务院新闻办．中国的环境保护（1996—2005）［M］．北京：中国环境科学出版社，2008.

［5］中华人民共和国国民经济和社会发展第十一个五年规划纲要．

［6］http：//www. gxrb. com. cn/html/2009 - 11/27/content_ 319071. htm.

［7］国家税务总局．中国税务统计公报［R］．2009.

［8］2010 年政府工作报告［R］．2010.

［9］马克思，恩格斯．马克思恩格斯选集［M］．北京：人民出版社，2012.

［10］蒙德尔．经济学解说［M］．北京：经济科学出版社，2002.

［11］罗丽艳．自然资源价值的理论思考——论劳动价值论中自然资源价值的缺失［J］．中国人口·资源与环境，2003（6）：19 - 23.

［12］王庆礼，钱俊生．略论自然资源价值［J］．中国人口·资源与环境，2001（2）：25 - 28.

［13］何承耕．自然资源和环境价值理论研究述评［J］．福建地理，2001（4）：1－5.

［14］《环境科学大辞典》编委会．环境科学大辞典［M］．北京：中国环境科学出版社，2008.

［15］毛显强．生态补偿的理论探讨［J］．中国人口·资源与环境，2002（12）：19－23.

［16］孙钰．探索建立中国式生态补偿机制——访中国工程院院士李文华［J］．环境保护，2006（10）：4－9.

［17］路卓铭．以建立资源开发补偿机制推进我国资源价格改革［J］．经济体制改革，2007（3）：10－16.

［18］http：//baike. baidu. com/view/42620. htm.

［19］刘剑文．财税法学［M］．北京：高等教育出版社，2004：539.

［20］马衍伟．中国资源税制改革的理论与政策研究［M］．北京：人民出版社，2009.

［21］王广成．中国资源税费理论与实践［J］．中国煤炭经济学院学报，2002，6（16）：103－109.

［22］屈平．矿产资源税改革及其合理性［J］．有色金属再生与利用，2006（7）：45－48.

［23］庇古．福利经济学［M］．何玉长，丁晓钦译．上海：上海财经大学出版社，2009：113－117.

［24］Hotelling H. The Economics of Exhaustible Resources［J］. Journal of Political Economy，1931（39）：137－145.

［25］Wlliam J. Baumol，Wallace E. Dates［J］. The Theory of Environmental Policy，2003（6）.

［26］Margaret E. Slade. The Effects of Higher Energy Prices and Declining Quality：Copper—Aluminium Substitution and Recycling in the USA［J］. Resources Policy, 1980 (3): 223 –230.

[27] 徐康宁，王剑. 自然资源丰裕程度与经济发展水平关系的研究 [J]. 经济研究，2006 (1): 78 –90.

[28] 张春林. 资源税率与区域经济发展研究 [J]. 中国人口·资源与环境，2006 (6): 44 –47.

[29] 钱勇. 资源租金、资源开发补偿与资源型城市可持续发展 [J]. 财经问题研究，2006，12 (12): 34 –39.

[30] 于立，王立军，侯强. 资源性贫富差距与社会稳定 [J]. 财经问题研究，2007，10 (10): 3 –9.

[31] 王云. “资源诅咒” 的实证分析及破解 [J]. 经济问题，2008 (1): 42 –43.

[32] 武辉，于洁. 煤炭资源税改革以来出现的问题与对策——以山东省煤炭资源税改革为例 [J]. 税务研究，2017 (8): 50 –52.

[33] 彭月兰. 关于煤炭资源税改革的思考——以山西为例 [J]. 税务研究，2018，401 (6): 48 –51.

[34] 张炳雷，刘嘉琳. 资源税对能源矿产资源的利用效果：制度导向与趋势判断 [J]. 财经问题研究，2017 (7): 75 –82.

[35] Ang B. W. Is the Energy Intensity a Less Useful Indicator than the Carbon Factor in the Study of Climate Change? [J]. Energy Policy, 1999, 27 (15): 943 –946.

[36] Ayalon O., Lev M., Lev P., et al. Greenhouse Gas Emissions Reporting in Israel: Means to Manage Energy Use [J]. Energy Conversion and Management, 2014 (85): 612 –618.

[37] Zhang Y., Wang H., Liang S., et al. Temporal and Spatial Variations in Consumption – Based Carbon Dioxide Emissions in China [J]. Renewable and Sustainable Energy Reviews, 2014 (40): 60 –68.

［38］ Muhammad Shahbaz, Sakiru Adebola Solarin, Rashid Sbia, Sadia Bibi. Does Energy Intensity Contribute to CO_2 Emissions? A Trivariate Analysis in Selected African Countries ［J］. Ecological Indicators, 2015 （50）: 215 -224.

［39］ Giovanni Bella, Carla Massidda, Paolo Mattana. Science Direct the Relationship among CO_2 Emissions, Electricitypower Consumption and GDP in OECD Countries ［J］. Energy Policy, 2014 （36）: 970 -985.

［40］ Kawase R., Matsuoka Y., Fujino J. Decomposition Analysis of CO_2 Emission in Long - Term Climate Stabilization Scenarios ［J］. Energy Policy, 2006, 34 （15）: 2113 -2122.

［41］ Zhou P., Ang B. W., Han J. Y. Total Factor Carbon Emission Performance: A Malmquist Index Analysis ［J］. Energy Economics, 2010, 32 （1）: 194 -201.

［42］ Adnan Kasman, Yavuz Selman Duman. CO_2 Emissions, Economic Growth, Energy Consumption, Trade and Urbanization in New EU Member and Candidate Countries: A Pane Data Analysis ［J］. Economic Modelling, 2015 （44）: 97 -103.

［43］ 魏巍贤．基于 CGE 模型的中国能源环境政策分析［J］．统计研究，2009（7）：3 -13.

［44］ 何建武，李善同．节能减排的环境税收政策影响分析［J］．数量经济技术经济研究，2009（1）：31 -44.

［45］ 许士春，习蓉，何正霞．中国能源消耗碳排放的影响因素分析及政策启示［J］．资源科学，2012（1）：2 -12.

［46］ 石敏俊，袁永娜，周晟吕等．碳减排政策：碳税、碳交易还是两者兼之？［J］．管理科学学报，2013（9）：9 -19.

［47］ 张国兴，高秀林，汪应洛等．政策协同：节能减排政策研究的新视角［J］．系统工程理论与实践，2014（3）：545 -559.

[48] 邵帅，范美婷，杨莉莉．资源产业依赖如何影响经济发展效率？——有条件资源诅咒假说的检验及解释［J］．管理世界，2013（2）：32 -63.

[49] 徐康宁，王剑．自然资源丰裕程度与经济发展水平关系的研究［J］．经济研究，2006（1）：78 -89.

[50] 陈诗一．边际减排成本与中国环境税改革［J］．中国社会科学，2011（3）：85 -100.

[51] 伍世安．深化能源资源价格改革：从市场、政府分轨到“市场 + 政府”合轨［J］．财贸经济，2011（5）：123 -128.

[52] Bovenberg A. L. , Van Der Ploeg F. Optimal Taxation, Public Goods and Environmental Policy with Involuntary Unemployment［J］. Journal of Public Eco-no-mics, 1996, 62（1 -2）：59 -83.

[53] 许士春，何正霞，魏晓平．资源消耗、污染控制下经济可持续最优增长路径［J］．管理科学学报，2010，13（1）：20 -31.

[54] 路卓铭．以建立资源开发补偿机制推进我国资源价格改革［J］．经济体制改革，2007（3）：10 -16.

[55] 张思雪，汉川，方巍，胡海晨．生态补偿价值评估体系研究［J］．资源科学，2015（10）：37.

[56] 郭晓丽．论我国煤炭资源税费改革的难点［J］．中央财经大学学报，2013，1（3）：13 -16.

[57] 朱燕，王有强．论矿产资源开发生态补偿税费制度的完善［J］．税务研究，2016（7）：18 -23.

[58] 王彬彬，李晓燕．生态补偿的制度建构：政府和市场有效融合［J］．政治学研究，2015（5）：67 -81.

[59] 刘明慧，赵敏婕．资源税改革应厘清三个问题［J］．税务研究，2015（5）：32 -38.

［60］张贞．我国矿产资源开发生态补偿法律制度研究［D］．海南大学硕士学位论文，2013.

［61］朱九龙，陶晓燕．矿产资源开发区生态补偿理论研究综述［J］．资源与产业，2016（2）：82－87.

［62］范明明，李文军．生态补偿理论研究进展及争论——基于生态与社会关系的思考［J］．中国人口·资源与环境，2017（3）：120－137.

［63］贾若祥，高国力．地区间建立横向生态补偿制度研究［J］．宏观经济研究，2015（3）：13－23.

［64］乔永璞，储成君．庇古税改革、可耗竭资源配置与经济增长［J］．经济与管理研究，2018（2）．

［65］鲍荣华，杨虎林．我国矿产资源税费征收存在的问题及改进措施［J］．技术经济管理，1998（4）：20－24.

［66］关凤峻，苏迅．关于矿产资源补偿费的几个观点［J］．资源与产业，1998（8）：12－13.

［67］袁怀雨，李克庆．资源税与矿产资源补偿费制度改革［J］．资源与产业，2000（3）：64－65.

［68］张文驹．我国矿产资源财产权利制度的演化和发展方向［J］．中国地质矿产经济，2000（1）：1－10.

［69］刘劲松．中国矿产资源补偿机制研究［J］．煤炭经济研究，2005（2）：10－16.

［70］流畅．完善矿产资源有偿使用制度首先必须废止矿产资源税［J］．西部资源，2006（3）：43.

［71］张举钢，周吉光．我国矿产资源税问题的理论与实践研究［J］．石家庄经济学院学报，2007（4）：57－61.

［72］王广成．中国资源税费理论与实践［J］．中国煤炭经济学院学报，2002（6）：103－109.

[73] 龚辉文．资源课税问题研究［J］．税务研究，2002（7）：54－59.

[74] 肖兴志，李晶．我国资源税费改革的战略选择［J］．社会科学辑刊，2006（3）：100－106.

[75] 侯晓靖．资源税费制度的国际比较及对我国的借鉴——以资源节约性经济为视角［J］．特区经济，2009（12）：128－131.

[76] 赵岚．我国资源税经济效应实证分析［J］．合作经济与科技，2010（16）：92－94.

[77] 程素萍，王斌．关于矿产资源税征收标准的探讨［J］．中国矿业，2000（S1）：761－762.

[78] 商艺．资源税改革——绿色税收的崭新一页［J］．当代经济，2008（6）：124－125.

[79] 侯清侠．煤炭资源税改革的背景、现状及未来趋势分析［J］．内蒙古科技与经济，2008（5）：43.

[80] 张晓东，王蒲成，杨志刚．谈煤炭资源税适用税额的调整［J］．山西财税，2004（3）：34－35.

[81] 段治平．煤炭价格传导机制分析［J］．价格月刊，2010(2)：14－16.

[82] 孙钢．我国资源税费制度存在的问题及改革思路［J］．税务研究，2007（11）：41－45.

[83] 计金标．资源课税与可持续发展［J］．税务研究，2001(7)：22－25.

[84] 计金标．略论我国资源税的定位及其在税制［J］．税务研究，2007（11）：36－40.

[85] 冯菱君，李自如．矿山企业发展中的资源税税收制度研究［C］．中国有色金属学会第五届学术年会论文集，2003（8）：253－254.

[86] 宋丽颖，马元元，唐明．西部资源优势转化为经济优势的税收政策建议［J］．经济研究参考，2004（7）：78－79.

[87] 刘权衡，贺有．矿产资源税改革的正确方向［J］．西部经济，2006

(6): 34 -35.

[88] 殷燚，苏迅．资源税改革势在必行［J］．中国国土资源经济，2006，1：17 -21.

[89] 黄炯奇，孟海锋．我国燃油税改革中的利益博弈［J］．时代经贸，2008 (1): 57 -59.

[90] 曲顺兰，路春城．中国资源税制的改革与完善——兼论燃油税的开征［J］．中国人口·资源与环境，2008 (3): 163 -169.

[91] 殷强．我国资源税改革应循序渐进［J］．涉外税务，2009 (12): 15 -19.

[92] 刘晔．资源税改革的效应分析与政策建议［J］．税务研究，2010 (5): 88 -90.

[93] 张亚明，夏杰长．我国资源税费制度的现状与改革构想［J］．中国财政，2010 (7): 57 -60.

[94] 宋馨．对深化资源税改革的思考［J］．中国财政，2010 (11): 43 -44.

[95] 郑玉歆．中国 CGE 模型及政策分析［M］．北京：社会科学文献出版社，1999.

[96] 贺菊煌．碳税与二氧化碳减排的 CGE 模型［J］．数量经济技术经济研究，2002 (10): 39 -47.

[97] Xie Jian, Sideny Saltzman. Environmental Policy Analysis: An Environmental Computable General - Equilibrium Approach for Developing Countries [J]. Journal of Policy Modeling, 2000 (4): 453 -489.

[98] 王韬，周建军．我国进口关税减让的宏观经济效应——可计算一般均衡模型分析［J］．系统工程，2004 (2): 39 -47.

[99] 王灿，陈吉宁，邹骥．基于 CGE 模型的 CO_2 减排对中国经济的影响［J］．清华大学学报（自然科学版），2005 (12): 1621 -1624.

［100］于娟，彭希哲．碳税循环政策对中国农村资源结构调整的作用——基于 CGE 模型的政策讨论［J］．世界经济文汇，2007（6）：86－98.

［101］徐文成，毛彦军．碳税改革的低碳发展效应［J］．北京理工大学学报（社会科学版），2019，21（2）：30－37.

［102］马祖军，慕艳芬，聂佳佳．碳税政策下竞争性低碳技术策略选择［J］．系统管理学报，2017，26（5）：980－989.

［103］陈明生．碳税征收提高能源效率的作用机制研究［J］．中国政法大学学报，2017（5）：112－122，160.

［104］叶金珍，安虎森．开征环保税能有效治理空气污染吗［J］．中国工业经济，2017（5）：54－74.

［105］李蒙娟．基于动态 CGE 模型的工业碳税政策效应模拟分析［D］．浙江财经大学博士学位论文，2014.

［106］何萍，温作民，刘梅娟．中国碳税政策实施效应研究综述［J］．林业经济问题，2018，38（3）：95－99，115.

［107］黄蕊，刘昌新，王铮．碳税和硫税治理下中国未来的碳排放趋势［J］．生态学报，2017（9）.

［108］陈燕．燃油税改革对我国公路交通规费模式的影响及对策研究［D］．长安大学硕士学位论文，2005.

［109］张树伟．基于一般均衡（CGE）框架的交通资源模拟与政策评价［D］．清华大学博士学位论文，2007.

［110］庞军，邹骥，傅莎．应用 CGE 模型分析中国征收燃油税的经济影响［J］．经济问题探索，2008（11）：69－74.

［111］肖皓，赖明勇．燃油税改革的动态一般均衡分析［J］．经济数学，2009，9（3）：53－59.

［112］饶呈祥．我国成品油税费改革之经济影响的行业分析［J］．现代财经，2009（10）：24－30.

［113］饶呈祥．燃油税经济效应的省际差异探析［J］．财经科学，2009（2）：73－81.

［114］夏传文，刘亦文．燃油税改革对我国节能减排影响的动态 CGE 研究［J］．经济问题，2010（2）：63－70.

［115］叶志辉．燃油税税率的确定——基于 CGE 的分析［J］．统计研究，2009（5）：86－94.

［116］黄英娜，郭振仁，张天柱，王学军．应用 CGE 模型量化分析中国实施资源环境税政策的可行性［J］．城市环境与城市生态，2005（4）：18－20.

［117］陈智文．油价冲击：宏观经济影响与货币政策协调［D］．厦门大学博士学位论文，2007.

［118］张可云，张理芃．燃油税作为控制碳排放政策工具的争议与思考［J］．江淮论坛，2011（2）．

［119］王海林，何建坤．交通部门 CO_2 排放、能源消费和交通服务量达峰规律研究［J］．中国人口·资源与环境，2018（2）：59－65.

［120］王德发．资源税征收的劳动替代效应实证研究——基于上海市 2002 年大气污染的 CGE 模型的试算［J］．财经研究，2006（2）：98－105.

［121］王京芳，刘丽丽，盛其杰．环境税的倍加红利效应及 CGE 模型对其的支持［J］．城市环境与城市生态，2005（6）：17－19.

［122］刘艳．海南省环境资源 CGE 模型研究［D］．华南热带农业大学硕士学位论文，2007.

［123］胡宗义，蔡文彬．资源税征收对资源强度影响的 CGE 研究［J］．湖南大学学报（社会科学版），2007，9（5）：57－61.

［124］蔡文彬．基于 CGE 模型的节能政策研究［D］．湖南大学硕士学位论文，2007.

［125］李丕东．中国资源环境政策的一般均衡分析［D］．厦门大学博士

学位论文，2008.

［126］曾建武．国际油价波动：因素分析及对我国经济的影响——基于贝叶斯方法的研究［D］．厦门大学博士学位论文，2008.

［127］李虹，熊振兴．生态占用、绿色发展与环境税改革［J］．经济研究，2017（7）：126 – 140.

［128］刘宇，胡晓虹．环境税的 SO_2 和 NO_x 行业排放分解效应研究［J］．中国环境科学，2017（1）．

［129］http：//www. dayoo. com/roll/201010/22/10000307_ 103759233. htm.

［130］国家统计局．中国统计年鉴（2009）［M］．北京：中国统计出版社，2009.

［131］中华人民共和国资源税暂行条例［S］．2011.

［132］矿产资源补偿费征收管理规定［S］．1994.

［133］http：//baike. baidu. com/view/682663. htm.

［134］Marshall A. Principles of Economies［M］．London：Macmillan，1920：266.

［135］庇古．福利经济学［M］．陆民仁译．台北：台湾银行经济研究室，1971：111.

［136］罗纳德·科斯．社会成本问题［M］．上海：上海三联书店，1994.

［137］鲍默尔·奥茨．环境经济理论与政策设计［M］．严旭阳译．北京：经济科学出版社，2003.

［138］http：//baike. baidu. com/view/9306. htm.

［139］Hotelling H. The Economics of Exhaustible Resources［J］．Journal of Political Economy，1931，39（2）：137 – 175.

［140］王金洲，杨尧忠．矿产资源的耗竭补偿原理的探讨［J］．生产力研究，2002（3）：182 – 183.

［141］ Hartwick J. M. Intergenerational Equity and the Investing of Rents from Exhaustible Resources ［J］ . American Economic Review, 1977 (67): 972 - 974.

［142］ Farzin Y. H. Optimal Saving Policy for Exhaustible Resource Economies ［J］ . Journal of Development Economics, 1999 (58): 149 - 184.

［143］ Avinash K. Dixrr. On the Optimum Structure of Commodity Taxes ［J］ . American Economic Review, 1970 (6): 143 - 168.

［144］ A. Mourmouras. Conservationist Government Policies and Intergene Rational Equity in an Overlapping Generations Model with Renewable Resources ［J］ . Journal of Public Economics, 1993 (5): 249 - 268.

［145］ Gerlagh R., Keyzer M. A. Sustain - ability and the Intergenerational Distribution of Natural Resource Entitlements ［J］ . Journal of Public Economics, 2001 (79): 315 - 341.

［146］ Olson L. J., Knapp K. Exhaustible Resource Allocation in an Overlapping Generations Economy ［J］ . Journal of Environmental Economics and Management, 1997 (32): 277 - 292.

［147］ Mikesell R. Explaining the Resource Curse, with Special Reference to Mine-ral Exporting Countries ［J］ . Resources Policy, 1997, 23 (4): 245 - 268.

［148］ Sandmo. Public Goods, the New Palgrave ［J］ . Dictionary of Economics, 1987 (7): 1061 - 1071.

［149］ Samuelson. The Pure of Public Expenditure ［J］ . Review of Economic and Statistics, 1954 (6): 123 - 156.

［150］ Buchanan. An Economic Theory of Clubs ［J］ . Economics, 1965 (5): 203 - 250.

［151］ 汪伟全．政府竞争秩序的治理：基于消极竞争行为的研究［M］．上海：上海人民出版社，2009.

［152］ 斯蒂格里茨．公共经济学讲义［M］．纽约：麦格劳—希尔图书公

司，1980.

［153］肯尼斯·鲍尔丁．一门科学——生态经济学［M］．北京：化学工业出版社，1965.

［154］晏路明．人类发展与生存环境［M］．北京：中国环境科学出版社，2001.

［155］丹尼斯·麦多斯．增长的极限［M］．成都：四川人民出版社，1984.

［156］http：//wiki. mbalib. com/wiki/%E5%8F%AF%E6%8C%81%E7%BB%AD%E5%8F%91%E5%B1%95.

［157］戴维·皮尔斯等．世界无末日——经济学、环境与可持续发展［M］．张世秋等译．北京：中国财政经济出版社，1996：140－155.

［158］希克斯．价值与资本［M］．薛藩康译．北京：商务印书馆，1982.

［159］F. P. Ramsey. A Contribution to the Theory of Taxation［J］. Economic Journal，1927（3）：47－61.

［160］Blanchard，Fisher. Lectures on Macroeconmics［M］. Oxford：Oxford University Press，1989.

［161］Solow R. M. Economic Growth and Capital Accumlatuin［J］. Economic Record，1956（5）：32－40.

［162］高颖，李善同．含有资源与环境账户的 CGE 模型的构建［J］．中国人口·资源环境，2008（3）：20－23.

［163］高颖．中国资源—经济—环境 SAM 的编制方法［J］．统计研究，2008，5（5）：84－88.

［164］雷明．中国绿色 GDP 核算解析［J］．科学决策，2007(4)：34－35.

［165］郑玉歆，樊明太．中国 CGE 模型和政策分析［M］．北京：社会科学文献出版社，1999.

［166］贺菊煌，沈可挺，徐篙龄．碳税与二氧化碳减排的 CGE 模型［J］．数量经济技术经济研究，2002（10）：39 –48.

［167］J. Cao. A Perfect Foresight Dynamic CGE Analysis of Environmental Tax Reform in China［D］. Harvard University，2007.

［168］中国社会科学院数量经济与技术经济研究所 PRCGEM 课题组．中国税制改革效应的一般均衡分析［J］．数量经济技术经济研究，2002（9）：33 –45.

［169］http：//www. drc. gov. cn/c/drcpart5. htm.

［170］贺菊煌．应用数量经济学［M］．北京：经济科学出版社，1989.

［171］Munk K. J. Computable General Equilibrium Model and Their Use for Transport Policy Analysis［J］. Transportation Research Part A：Police and Practice，2018（6）：31 –53.

［172］赵永，王劲丰．经济分析 CGE 模型与应用［M］．北京：中国经济出版社，2008：78 –79.

［173］徐滇庆．改革速度与宏观经济结构：中国经济改革一般均衡模型分析［J］．管理世界，1992（2）：55 –61.

［174］彭志龙．中国投入产出表（2007）［M］．北京：中国统计出版社，2007.

［175］Carlo Perroni，Thomas F. Rutherford. A Comparison of the Performance of Flexible Functional Forms for Use in Applied General Equilibrium Modelling［J］. Computational Economics，1998（11）：245 –263.

［176］Robert Repetto. 损耗评估：国民收入核算中的自然资源［C］．华盛顿特区：世界资源研究所，1989.

［177］E. Serafy，Salah. Country Macroeconomic Work and Natural Resources［J］. World Bank Environment Department Working Paper ，1993，3（58）：156 –190.

［178］ Dufournaud M. C. , Harrington J. and Rogers P. Leontief's "Environmental Repercussions and the Economic Structure…" Revisited: A General Equilibrium Formulation ［J］. Geographical Analysis, 1998 (7).

［179］ Jeffery I. , Round. Accounting and Fixed Price Multipliers in a Social Accounting Matrix Framework ［J］. The Economic Journal, 1979 (8): 145 - 170.

［180］ 杨仲山，何强．国民经济核算体系《1993SNA》修订问题研究［M］. 沈阳：东北财经大学出版社，2008.

［181］ http: //baike. baidu. com/view/1728795. htm.

［182］ 向书坚 .SEEA 和 NAMEA 的比较分析［J］．统计研究，2005 (10): 18 - 23.

［183］ 徐卓顺．可计算一般均衡（CGE）模型：建模原理、参数估计方法与应用研究［D］．吉林大学博士学位论文，2009.

［184］ W. Leontief. The Oretical Assumptions and Non - Observed Facts ［J］. American Economy Review, 1971 (7): 260 - 287.

［185］ Daly. On Economics as a Life Science ［J］. The Journal of Political Eco-nomy, 1969 (6): 290 - 314.

［186］ Thorbecke. The Impact of Public Education Expenditure on Human Capi-tal, Growth, and Poverty in Tanzania and Zambia: A General Equilibrium Approach ［J］. Journal of Policy Modeling, 2003 (4): 198 - 245.

［187］ Joseph F. François, Kenneth A. Reinert. Reinert Applied Methods for Trade Policy Analysis: A Handbook ［M］. Cambridge: Cambridge University Press, 1997.

［188］ 庞军．奥运投资对北京的环境和经济影响［D］．中国人民大学博士学位论文，2005.

［189］ 雷明．绿色投入产出核算——理论与应用［M］．北京：北京大学

出版社，2000.

［190］程凌．统一内外资企业所得税率对税收及社会福利的影响——基于 CGE 的分析［J］．数量经济技术经济研究，2007（10）：64－77.

［191］郭庆旺，贾俊雪．政府公共资本投资的长期经济增长效应［J］．经济研究，2006（7）：29－41.

［192］顾六宝．中国经济增长路径中稳定状态推移的政策模拟——基于拉姆齐模型的实证研究［J］．统计研究，2007（4）：41－48.

［193］王金营．制度变迁对人力资本和物质资本在经济增长中作用的影响［J］．中国人口科学，2004（4）：11－19.

［194］陈东景．我国主要污染物排放强度的区域差异分析［J］．生态经济，2008，17（1）：133－137.

［195］Sen A. K Neo－Classical and Neo－keynesian Theories of Distribution［J］. Economic Record，1963（39）：46－53.

［196］Decaluwé B.，Martens A. CGE Modeling and Developing Economies：A Concise Empirical Survey of 56 Applications to 24 Countries［D］. Montreal：University of Montreal，1986.

［197］郑玉歆，樊明太，马纲．中国 CGE 模型：基本结构及有关应用问题（下）［J］．数量经济技术经济研究，1999（4）：24－31.

［198］Taylor，Lysy. Vanishing Income Redistributions：Keynesian Clues about Model Surprises in the Short Run［J］. Journal of Development Economics，1979（6）：11－29.

［199］J. Rattso. Different Macroclosures of the Original Johansen Model and Their Impact on Policy Evaluation［J］. Journal of Policy Modeling，1982（4）：85－97.

［200］K. Dervis，S. Robinson. General Equilibrium Models for Development Policy［M］. Cambridge：Cambridge University Press，1984.

［201］ E. Ganuza, S. Morley, S. Robinson. Are Export Promotion and Trade Libera-lization Good for Latin America's Poor?［J］. Development Policy Review, 2005 (23): 386-403.

［202］ Sherman Robinson. Global Economic Effects of the Asian Currency De-valua-tions［R］. Institute for International Economics, 1998.

［203］ Scar Herbert, Hansen. The Computation of Economic Equilibria［M］. New Haven: Yale University Press, 1973.

［204］ Irma Adelman, Sherman Robinson. Income Distribution Policy in Developing Countries: A Case Study of Korea［M］. Aalo Alto: Stanford University Press, 1978.

［205］ Ginsburgh V., M. Keyzer. The Structure of Applied General Equilibrium Models［M］. Cambridge: The MIT Press, 1997.

［206］ Johansen. A Multi - sector Study of Economic Growth［M］. Amsterdam: North - Holland Pub. Co, 1960.

［207］ Dixon P., Parmenter B. R. General Equilibrium Trade Policy Modeling［M］. Cambridge: The MIT Press, 1986: 33-36.

［208］ 赵永，王劲峰. 经济分析 CGE 模型与应用［M］. 北京：中国经济出版社，2008（6）：108-112.

［209］ S. Robinson, M. Kilkenny, K. Hanson. The USDA/ERS Computable General Equilibrium (CGE) Model of the United States［R］. Staff Report - Economic Research Service: United States Department of Agriculture, 1990.

［210］ 徐滇庆. 改革速度与宏观经济结构——中国经济改革一般均衡模型分析［J］. 管理世界，1992（5）：55-61.

［211］ 宋旭光. 可持续发展测度方法的系统分析［M］. 大连：东北财经大学出版社，2003.

［212］ 萨缪尔森，诺德豪斯. 经济学［M］. 萧琛等译. 北京：人民邮电

出版社，2007.

［213］ http：//www. jysnsch. com/news/newsD. asp？ id =990.

［214］ 新疆原油、天然气资源税改革若干问题的规定［S］. 2010.